天津皇会

中国俗文化丛书

丛书主编 高占祥

尚洁 著

山东教育出版社

图书在版编目(CIP)数据

天津皇会/尚洁著. —济南：山东教育出版社，2016
(中国俗文化丛书/高占祥主编)
ISBN 978-7-5328-9294-5

Ⅰ.①天… Ⅱ.①尚… Ⅲ.①风俗习惯—介绍—天津市
Ⅳ.①K892.421

中国版本图书馆 CIP 数据核字(2016)第 052096 号

中国俗文化丛书　　　　高占祥　主编
天津皇会　　　　　　　尚　洁　著

出　版　人：刘东杰
出版发行：山东教育出版社
　　　　　（济南市纬一路 321 号　邮编：250001）
电　　　话：(0531)82092664　传真：(0531)82092625
网　　　址：www. sjs. com. cn
发　行　者：山东教育出版社
印　　　刷：山东临沂新华印刷物流集团有限责任公司
版　　　次：2017 年 2 月第 1 版第 1 次印刷
规　　　格：787mm×1092mm　32 开本
印　　　张：8.125 印张
印　　　数：1—3000
插　　　页：8 插页
字　　　数：120 千字
书　　　号：ISBN 978-7-5328-9294-5
定　　　价：20.00 元

（如印装质量有问题，请与印刷厂联系调换）
印厂电话：0539-2925659

图1　重新修复后的天津天后宫大殿外景

图2
大殿内《天后圣
迹图》壁画局部
（蔡长奎绘制）

图3　天津大乐老会

图4　大殿内供奉的天后圣母像

（本书黑白与彩照均由武延增摄影）

图5
大轿圣会

图6
宝辇会

图7　幽默、滑稽的杠箱官

图8　天后宫广场上的跑竹马

图9
天后宫广场一景

图10
门幡会

图11
太狮会

图12
銮驾会

图13
华盖宝伞会

图14
提灯提炉会

图15
宝鼎会

图16
香塔会

图17
鲜花灯亭会

图18
道众行香会

图19
法鼓会

图20
扫殿会

图21
护驾会

图22
接香会

图23
梅汤会

图24
天后圣母华辇

图25
痧疹娘娘宝辇

图26
报事灵童会

图27
灯亭会

图28
巡风会

图29
顶马会

图30　高跷会

图31　中幡会

图32　杠箱官会

图33　秧歌会

图34
十不闲会

图35
《洛阳桥》会

图36
挎鼓会

图37
重阁会

图38
《多福如意》会

图39
舞绣球会

图40 抬阁会

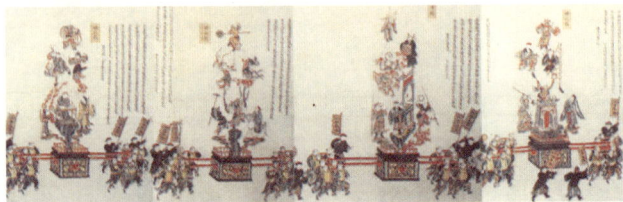

图41 抬阁会

中国俗文化丛书

执行主编：于占德

副·主　编：于培杰

　　　　　叶　涛

　　　　　刘德增

序

　　在中华民族光辉而悠久的历史传统文化中，俗文化占有十分重要的地位。它不仅是雅文化不可缺少的伴侣，而且具有自身独立的社会价值。它在中华民族的发展历程中，与雅文化一起描绘着中华民族的形象，铸造着中华民族的灵魂。而在其表现形态上，俗文化则更显露出新鲜、明朗、生动、活跃的气质。它像一面镜子，折射出一个民族、一个地区的风土人情和生活百态。从这个角度看，进一步挖掘、整理和发扬俗文化是文化建设的一项战略任务。

　　俗文化，俗而不厌，雅美而宜人。不论是具体可感的器物，还是抽象的礼俗，读者都可以从中看出，千百年来，我们的祖先是在怎样的匠心独运中创造出如此灿烂的文化。我们好像触到了他们纯正的品格，听到了他们润物的声情，看到了他们精湛的技艺。他们那巧夺天工的种种创造，对今人是一种启迪；他们那健康而奇妙的审美追求，对后人是一种熏陶。我们不但可从这辉煌的民族文化中窥见自己的过去，而且可以从中展望美好的明天。

俗文化，无处不在，丰富而多彩。中华民族，历史悠久，地大物博，人口众多，在长期的生活积淀中，许多行为，众多器物，约定俗成，精益求精。追根溯源，形成系列，构成体系，展示出丰厚的文化氛围。如饮食、礼俗、游艺、婚丧、服饰、教育、艺术、房舍、风情、驯化、意趣、收藏、养生、烹饪、交往、生育、家谱、陵墓、家具、陈设、食具、石艺、玉器、印玺、鱼艺、鸟艺、虫艺、镜子、扇子等等，都是俗文化涉及的范围。诚然，在诸多领域里，雅俗难辨，常常是你中有我，我中有你，彼此交叉，共融一体；有的则是先俗而后雅。

俗文化，古而不老，历久而弥新。它在人们的身边，在人们的生活中，无时无刻不影响人们的思想、观念和情趣。总结俗文化，剔除其糟粕，吸收其精华，对发扬民族精神，增强民族自信心，提高和丰富人民生活，都具有不可忽视的意义。世界文化是由五彩斑斓的民族文化汇成的，从这个意义上讲，愈是民族的，就愈是世界的。因此，我们总结自己的民俗文化，正是沟通世界文化的桥梁。这是发展的要求，时代的召唤。

这便是我们编纂出版这套《中国俗文化丛书》的宗旨。

目录

序……1

引　言……1

一、从湄洲林氏女到"三津福主"……3

（一）一位神女的诞生……4

（二）先有娘娘宫，后有天津卫……19

（三）海神与护城神的世俗转化……31

二、从娘娘会到皇会……38

（一）五彩缤纷的"会"……39

（二）由康熙、乾隆游天津说起……59

1

（三）财神爷"八大家"……79

（四）吃会、玩儿会与截会……93

三、从盛会行事到仪礼程式规范……99

（一）会期和路线……100

（二）老会、圣会知多少……103

（三）次序和会规……109

（四）会中领袖数扫殿……122

（五）接驾当推娘家人……129

四、从愿心服务到显示豪华的攀比……135

（一）水会、脚行办公益……135

（二）巡风、顶马还心愿……149

（三）争奇斗富看銮驾……163

（四）辇主、脚行霸请驾……177

五、从玩意儿会到日臻完美的民间表演艺术……184

（一）儒雅谐趣文玩意儿……185

（二）洒脱干练武玩意儿……198

（三）芦纲盐商亮抬阁……234

结语……240

本书参考书目……246

后记……247

引 言

　　皇会，原称"娘娘会"或"天后圣会"，是旧时天津民间极为隆重的民俗活动，曾被国内外学术界誉为"中国人的狂欢节"。它最初是仅为祭祀海神天后娘娘而在其诞辰吉日所举行的庆典仪式，伴随着天津社会经济文化的发展，逐渐演化成一种独特的将"神祇崇拜、宗教信仰、问医求子、祈福还愿、赛会演剧、男女游观、会亲访友、社会交往、城乡商品交换"[①] 等活动集于一体的庙会形式。天津皇会的变迁经历了一个由以颂扬民间信仰为主题到充分展示天津民俗风情的全民性活动的发展过程。在这个过程中，真实地记录了天津城

---

　　① 顾道馨：《再"造"一个"节"》，1996 年 5 月 23 日《今晚报》。

市成长的历史，记录了独具特色的民风民情，蕴藏着广博深刻的、丰富灿烂的文化内涵。她那久传不衰的独特魅力也正是经过这样一个过程才愈发趋于完美并得以升华，为我们今天研究城市的历史、文化、民俗、信仰，乃至音乐、舞蹈、工艺美术等都提供了翔实的佐证。因此，她不仅是中国民俗文化的宝贵财富，而且也是中国民间艺苑中的一枝奇葩。

一、从湄洲林氏女到"三津福主"

在中国华北平原的东北部，有一座东临渤海、北倚燕山，地跨海河南北的美丽城市，她就是渤海湾的明珠——天津。

曾几何时，这块富有浓郁传奇色彩的"退海之地"与一位祖籍福建湄洲的外乡女子的命运结下了不解之缘。她就是名叫"林默"的林氏女，人们传说着她的灵迹，颂扬着她的功德。

在这由水运码头而发展成为商埠重镇直至繁华都市的漫长岁月中，人们从未停止过纪念她的活动，人们先后为她修建了二十余座巍峨的宫殿庙宇，尊奉其为"三津福主"，并创办了举世瞩目的人间盛会——皇会，直至如今，她的光彩依然如此动人。

（一）一位神女的诞生

在了解皇会是怎样一回事之前，一定得先知道天津民间流传了几百年的一个美丽的传说：

在离天津很远的福建省莆田湄洲岛，住着东南沿海赫赫有名的都巡检林惟悫一家人。这是一个曾经十分显赫的家族，始祖林禄，在西晋永嘉元年（307年）以黄门侍郎随琅琊王司马睿渡江镇建业（今南京市）。十年后，司马睿当了东晋的第一位皇帝，林禄又以招远将军散骑常侍领合浦太守。东晋太宁三年（325年），林禄奉敕守晋安（今福建省的闽中、闽西和闽南沿海地区，治所在福州），卒赠晋安郡王。林惟悫的七世祖为唐朝太子詹事林披，生有九个儿子，皆被授予州刺史，故世称"九牧林氏"。惟悫的祖父保吉曾经是五代周显德中期的统军兵马使，后来弃官隐居贤良港。其父林孚成人后却又承袭旧勋，当了福建总管。到了惟悫时，便也成了都巡官。妻子王氏平日里虔信神佛，她天天到家门附近的接水亭去烧香化纸，夜夜在府堂中的观音菩萨神像前诵经拜佛，从不间断。夫妻俩虽已有一子五女，但仍十分希望苍天再赐一男儿，好光宗耀祖。

那是后周显德六年（959 年）六月十五日，林惟悫夫妇沐浴毕，同来接水亭，向菩萨祷告道："我们夫妇二人兢兢业业，修善积德，从不敢有非分妄求，乞望上天垂怜，再赐一佳儿，以光宗祧。"当天晚上，王氏梦见天空中来了观音菩萨，告诉她："尔家世代行善积德，自当得慈济之报。"言毕，把一朵波罗树之花给她，同时还给了她一颗药丸。之后，观音菩萨飘然而去。王氏在梦里受了这颗丸药，便一口吞服下去，蓦然醒来，犹觉口遗清芬。过了不久，王氏遂感有娠，夫妇俩心中暗喜，想必是天公有眼，赐予麟儿。

转过一年，也就是北宋建隆元年（960 年）三月二十三日，王氏十月怀胎已满，就要分娩了。这天的傍晚时分，左邻右舍忽然都看见湄洲岛上空出现了一道红光，一直射入林府内室，光辉夺目，耳边又听得四周隆隆作响，好似春雷滚动。人们正惊疑间，又闻到从林府内飘散出阵阵氤氲香气。就在这时，王氏在内室里产下一个女婴。更奇怪的是，这个女婴生下后，一声也不哭，无论你怎么摆弄，不啼不叫，持续了一个月的光景。因此，林惟悫夫妇给她取了个名字叫"默"。

这林默，不仅生得漂亮，而且聪明伶俐，深得家人和邻里的喜欢。她在穿着、饮食和生活爱好上，都与其他女孩子不同。平时，她只喜欢穿清一色的朱红衣裳，不爱吃腥物，从会走路的那一天起，就爱跟母亲到海边接水亭烧香拜佛，十分虔诚。她还喜欢到海滩上看大潮大浪，并不时嚷着要父亲带她上船去看更大的海、更高的潮，还要母亲允许她跟邻居渔户姐妹们到沙滩浅海学游泳。她平时梳妆不喜欢佩戴金银珠玉的首饰，而偏偏喜欢清香的油菜花。林惟悫夫妇老来得女，对林默倍加宠爱，就依着她给她做了一件又一件火一样的朱红衣裳，把她装扮成小仙女一般，并特地为她另砌一灶供她吃斋。她爱插油菜花，母亲王氏特地在自家菜园中栽了一畦油菜花。她爱大海大浪，父母也大着胆子允许她到海滩玩耍，练习游泳。

斗转星移，七载光阴一晃而过。林默被父母送入私塾读书，她聪颖过人，凡圣贤经典、古文诗赋皆能融会贯通、朗朗上口。读书未及三载，执笔属文，展卷吟诗，已是锦心绣口，谈吐风雅，非同一般。林默在读书之余，还潜心学习佛典《金刚经》。她还立志终生以行善济人为事，矢志不嫁。母亲王氏见女儿虔诚敬佛，便特意请人用檀香木另雕一尊观音菩萨像，供在她闺房旁边的静室中，以便她清晨和深夜烧香诵经。

　　又是一年过去了，人们迎来了一年一度的端午节。这一天早上，林默与母亲一道用菰叶包了几十个拳头般大小的糯米粽，然后，提着花篮，与邻居几个小姐妹到村外山野间采集蒲艾和香草。刚走出不远，忽见路边有个骨瘦如柴的老人，一头白发，背负一个打着补丁的包袱，正蜷缩在路边的草地上。他见有人过来，便举起一只缺了口的破碗，连声乞求道："哪位菩萨行行好，送我一口水喝。"

　　走在前头的几个伙伴见老人衣衫破旧，面容浮肿，身边又有许多苍蝇不住地飞舞，就像一个染上瘟疫的病人，都惊恐地躲到一旁，并急急地绕他而去。

　　走在最后的林默，见老人在烈日下暴晒，脸上挂着泪水，不由得心中产生怜悯之情，遂大胆向老人走去，柔声说道："叔公，小女这就给您先装碗清凉的甘泉水，然后请您到我家吃点饭。"

　　老人感激落泪，连声称谢说："小姐，我是病人，不敢登小姐府第。只要有碗水喝，我就心满意足了。"

　　林默见老人不肯到家里去，只得返回家中给老人盛了一碗甘泉水，并将几个大粽子送与老人充饥。

　　老人并不推辞，接过粽子，狼吞虎咽。吃完，满面笑容地说："谢谢小姐一片好心！将来你必定能得到苍天庇护，福寿无疆！"

说完，老人霍地站立起来。只见他一消病态，满面红光，朝林默姑娘点了点头，转身疾步如飞，瞬间便消失了。

又过了三天，码头边突然来了一个独自撑着只破船的老翁，他向准备出海的渔民打听谁能帮他修补好这条船，并声称自己眼下分文没有。渔民们见这只船实在太破，船板都腐烂了，似乎用手指一戳便可穿透，都摇头说修不了。有人替老人出主意，说修这样一条船比造一条船还麻烦，不如搭顺路船回去。

老人却摇头叹道："我家离此足有六千里水路，且在黄河上游，根本没有顺路船只可搭，因此，只能恳求善人赈济修船。"

老人上了岸，来到林府门口求救，林默和母亲一同出来接待了老人，问清原委，林默便央求母亲答应帮助老人。母亲找到两位修船师傅，可师傅一看，便说："这船修不了，要重新造一只，那时间就得半个月左右。"母亲征求老人意见时，这老人高兴地说："那我就等半个月吧，我正好到朋友家去办些事，半个月后我再来取。"说完，谢过夫人王氏和林默姑娘，走了。

半个月过去了，船造好了，林默在海边等待老人来取船，可一直等到太阳落山，也不见老人的影子。掌灯时分，林惟悫派一仆人替女儿看着船，让女儿回家来吃了晚饭。这时，忽然家仆进来禀报说：

"老爷、夫人，有一游方老道士前来求见，说是有一喜事向老爷、夫人恭贺。"

全家都十分疑惑，但还是亲自到大门口迎客。见这位道士虽已年过古稀，但鹤发童颜，双目炯炯有神，只见他身负一只大包袱，好似沉重，可他却显得很轻松。

林惟悫把老道士请到上座，献了一杯茶后便与老道士闲聊起来。谈话间，知道老道士法号玄通，一生飘游四海，因闻林家乐善好施，百姓有口皆碑，深为羡慕，愿把自己学得的玄妙秘术教给林默姑娘。同时，将他装扮老人求修破船一事告诉林家，并将小船留给林默，并说它会帮她解难除祸。

林家一家人听后，十分感激，遂请玄通道士将防身护命之诀密授给林默。从此，林默便闭门攻读，潜心研习。

三年过去了，年方15岁的林默姑娘已通晓许多深奥的医学和海上救难的本领。她常常为邻里乡亲治病除瘟，并时常驾着道士留给她的小船帮助遇险的船只和渔民。

有一天，林惟悫从海上巡视回来，说海上近来十分不宁，恶风怪浪几次袭击渔船，已有三只渔船被恶浪卷入海底，人们都传说是东海的海妖作怪祸害民众。林默听后，心中十分焦急，渴望能有高人帮她消灭海妖，为民除害。

几天以后，林默和邻家的几个渔家姑娘在梳妆楼下的花园嬉戏，花园边有口古井，姑娘们拥到井边争相临水自照。这时，井中突然升起一团团五光十色的彩云，紧接着传出一阵阵美妙动听的音乐。随着祥云，升起一帮仙官来。众姐妹无不惊恐，吓得纷纷跑开了，唯独林默一个人恭立着。片刻，井内又腾云驾雾升起一位双手捧着铜符的老仙官，这老仙官的模样与玄通师傅一般。只见老仙官一出井口，便叫林默前去接受天帝所授之铜符，并说铜符内有洞察海妖作祟的秘诀。说完，老仙官和一帮仙官倏地都不见了。林默把铜符拿到书房中仔细琢磨，终于琢磨出其中占卜风浪吉凶的奥秘。她高兴极了，情不自禁地手舞足蹈起来……

有一天，林默的父亲和哥哥出海后，天气变得异常恶劣，风雨交加，海浪卷起十来米高。林默担心父兄的安全，心情极其沉重，便走进纺织房，借纺纱来排遣心中的烦乱。一个上午不知不觉地过去了。母亲王氏半天不见动静，便到纺织房看望林默。走到门口，她被里面的情形惊呆了。

只见林默虽是坐在梭机椅上，但并没纺织，而是手执梭子，双目紧闭，呈假寐状，一只脚踏在机轴踏板这头，一只脚紧踩踏板那头，好似要用双脚把机轴踏板往一处靠似的。由于用力，她的全身都在颤抖。

母亲王氏慌忙跑上前，紧紧抱住女儿喊道：

"阿默！阿默！你怎么了？你快醒醒！"

"阿妈，大事不好！"林默被母亲一抱，双脚不由自主地松开了，手中的梭子掉在地上。紧接着，她抬起泪水与汗水交织在一起的脸，痛哭道："阿妈，阿爹和阿哥的巡检船都被风浪掀翻了！现在阿爹还有救，而阿哥他……他已遇难了……"

母亲王氏听到这，犹如巨雷轰顶，顿时站立不住，她颤声问："阿默，你怎么知道？"

林默告诉母亲，自己刚才做了一个梦，梦见阿爹和阿哥巡海回来，船被狂风恶浪围困在海湾北面大海中，海浪滔天，两船皆危。自己正想把两只船的桅杆连在一起，以得平安，不想被母亲唤醒，脚一松，所以阿哥的那只船被风浪掀翻，沉没了。

一家人听了林默的话，都将信将疑，忙赶到海边等待林惟悫的归来。

正如林默梦中所见，林惟悫和儿子在海上遇到了狂风巨浪，儿子所驾之船不幸遇难，而自己的船只仿佛有神力相助而幸免。当他将这一切讲给众人听时，人们不由得对林默产生了深深的敬意。

第二天，林默和她的嫂子及家人渡海前去寻找哥哥的尸体。船行至海中时，突然海上海浪汹涌，巨浪中出现一群虾兵蟹将簇拥着一个仙官，鞠躬走近船前。船上的人皆战栗不安，林默却沉静地说："你们不用害怕。"转身又对仙官说："免迎了。"话音刚落，登时风平浪静，水色澄清，哥哥的尸首浮现在水面。林默告诉家人这是水神在护佑哥哥的尸首。从此，人们更相信她为民祈福禳灾的本领了。

那个时候，当地流传着许多海上有海妖作怪的传说。林默从时有发生的海难事故中也深深感到制服这些海妖的重要，她决心去海上擒妖，为民除害。

林默 23 岁那年，西北有两个号称"千里眼"和"顺风耳"的金水之精，常出没西北作祟。林默只身前往，扮作摘花少女，施展仙术，仅用手中丝帕就将其手中铁斧、钢叉打掉，收服为将。

此后，她又陆续收服了晏公、高里鬼、嘉应、嘉佑等为将，为民除去妖患。

林默在自己的家乡专心致志地做着慈善公益的事业，她不仅精通医理，为人治病，还教习人们防疫消灾。由于她热心助人的品行深得乡里乡亲的赞颂，凡排难解纷、避凶趋吉，都要找到她。

又是一个重阳节的中午，也就是宋雍熙四年（987年）九月初九，天空刮起了大风，整个东海海面变成了无数个险峰，无数个深壑！天空中，一团团比墨还黑的乌云愈飞愈快，愈压愈低，几乎要和险峰深壑紧贴在一起。看到如此恶劣的天气，林默想，这定是海妖出来作怪，不知海上又有多少船只和渔民要遭难了，我一定要去帮助他们，擒获海妖。

林默摇着小船，向大海深处驶去。好高的浪峰，一下子把她的小船推上了峰巅！好深的浪壑，又一下子把她的小船抛入渊底！但林默仍端坐船上，不慌不忙稳住小船，向遇险的船只驶去。她扶正一艘又一艘被恶浪掀翻的船只，救起一个又一个在海浪中挣扎的渔民，把他们护送至岸边。她运用自己掌握的制服海妖的咒语，奋力用双桨狠劈恶浪和海中作怪的海妖，终于降服了海妖，平息了狂风巨浪。

因为这天是重阳节，民间有登高的习俗。林默事先就已和家人及邻居姐妹们商量好要一同去湄峰登山远游，以畅素怀，所以，她便径直驾船到湄峰下与众姐妹汇合。当与姐妹们走到半山腰时，林默突然对大家说湄峰山高路陡，行走极不安全，还是由她自己登上最高峰吧。告别了众姐妹，林默独自向湄峰攀去。走着走着，她突然感到一阵恍惚，耳边隐约传来熟悉的呼唤声："林小姐，请到这边来。"林默听出是玄通师傅亲切的声音，连忙循声而去。朦胧间，看见眼前飞来一片片五彩缤纷的祥云，祥云中传出一阵阵悦耳的鼓乐声，随后便闪出一位貌似玄通师傅的老仙翁，他双手捧着一张天帝圣旨，身后跟着一班仙官和仙女。仙翁告诉林默，他是太白金星，因林默在人间舍生忘死救苦救难而感动上苍，所以天帝下旨召她即刻上天，授为专掌五洲四海舟楫平安航行的海神，并命四海龙王归她调遣。同时，将她擒获的海妖由四海龙王踩在脚下，永世不能翻身。这时，只见停泊在山下海岸边的小船，化作一朵五彩缤纷的莲花，款款飘到她脚下，她端坐在闪闪发光的宝莲中，在众神仙的簇拥下，朝天空飘然而去。

　　再说林默的家人和众乡亲，不见林默归来，十分焦急地拥到海边等候。人们等了一个时辰又一个时辰，当太阳快要落山时，大家看到湄峰上有一团彩云冉冉升起，听到一阵阵悦耳的音乐飘来。林默再也没有回来。从此以后，凡出海的渔船遇险时，总会出现火红的神灯和身着红装的仙女，有的时候还会化作一只彩鸟或化作一只彩蝶引导大家转危为安。无论多么险恶的天气，只要神女出现，海上就会恢复平静，人们都说这是林默姑娘显灵护佑众乡亲。因此，大家都称她为"神姑"或"通灵神女"。

　　为了感激林默生前的功德和她升天后仍护佑百姓的灵迹，她家乡的人们首先在湄峰上她升天的地方为她建造了一座庙宇，称为"祖庙"。商人三宝曾为感激林默海中护佑，捐金扩建了祖庙。这样一来，人们便常常在出海前或平安归来后去庙中叩谢林默姑娘。有些人家中无论大小事在操办之前亦要到庙中祭拜林默。

　　随着时间的推移，林默造福于人的事迹广泛传播，人们对她的信仰愈加深刻，民间赋予她的神秘色彩愈传愈烈。使林默姑娘从一个受天意恩典而聪颖异常的神女，逐渐衍变为具有无边法力、有求必应的女神，以至于沿海一带许多地方都有纪念林默的祠堂和供奉她的庙宇。

这个美丽的传说为我们描绘出一位有血有肉、充满爱心、具有超凡神力的民间普通女子的形象。

其实，在中国民间关于天后的传说特别是她的身世、生平的传说很多很多，不同地区还演绎出不同的传说内容。其中，有的说她是福建莆田一个普通林姓家的女儿，生于唐天宝元年（742年），其母陈氏由于在梦中吞食南海观音所送波罗花，怀孕了14个月才生下林默。她年少就具灵异，稍大后就能出元神于海上救助遇难商船渔航。有的说她为五代闽王统军兵马使林愿的第六个女儿，生于五代后晋出帝（石重贵）天福年间，大约活了34岁。生时能乘席渡海，救人于危难，被唤作"龙女"。升天后常显化着红装女神解难救危。有的亦说她是林愿的女儿，但生于宋太平兴国四年（979年），卒于宋景德四年（1007年），也有说卒于宋大中祥符元年（1008年），活了30岁。在当时有神异功能，被称作"神女"；以后，更有传说天后本是三个女子的化身，其父为宋政和末年（1117年）浙江温州人林灵素的三个女儿；还有的甚至说天后不姓林，而姓蔡，为闽海中梅花所人。

　　总之，尽管千百年来人们对天后的出生地、姓氏、生卒年以及父母、祖辈等传说不一，但其生平的利泽事迹则大体上是相通的。如说她能乘席渡海，云游岛屿间；说她预知休咎事，可为民解除病瘟，救民于水火；说她见义勇为，除暴安良，收服恶怪；还说她为国助战，擒草寇、破倭寇、屡建军功……民间还广泛流传着林默"掷草化木"、"滴油生菜"、"托梦除奸"、"澎湖破贼"、"郑和免险"、"吕德还生"、"默佑漕舡"、"火焚三恶"等诸多美丽的传说，使天后成为中国民间信仰中神化人物的典型代表。

　　北宋宣和五年（1123 年），朝廷派给事中路允迪出使高丽国，船队在海上遇到飓风。路允迪在风浪中仿佛看到桅杆上发出一道道红光，过后风浪顿息，转危为安。路允迪感到奇怪，便询问部下是什么神灵显圣相救，正好船上有一位保义郎李振是莆田白塘（今涵江洋尾村）人，平时信奉林默，就向路允迪报告说是湄洲神女搭救。路允迪深信不疑，还朝复命时就将途中奇遇上奏皇上。宋徽宗遂下诏为祖庙赐以"顺济"匾额。这是林默神迹第一次由民间传到官府，并得到朝廷的确认和嘉奖。

　　由于林默在世人心目中义烈过人，具有孚佑黎民、保家

卫国的功能，因而备受历代统治阶层的推崇，并不断加以敕封。最初一次敕封是在南宋绍光二十六年（1156年），封号为"灵惠夫人"，最后一次册封在清嘉庆七年（1802年），封号为"天上圣母无极元君"。自第一次册封到最后一次册封，经历了646年，其间各代共加封29次，封号逐步升级。南宋绍熙三年（1192年），从"夫人"晋封为"妃"，称"灵惠妃"；元至元十八年（1281年），将灵惠妃又晋升为"天妃"；清康熙二十三年（1684年），天妃又被晋封为"天后"，封号称作"护国庇民昭灵显应仁慈天后"。

鉴于海神林默的封号各时期都有所不同，故为其建造的庙宇也因时代不同而名称各异，如有的称"天妃宫"或"天妃灵慈宫"，有的称"天后宫"等。此外，各个地区对林默的称谓也不尽相同。如林默家乡的人们称其为"娘妈"；台湾的福建移民因从湄洲带走了不少娘妈神像，他们视湄洲娘妈庙为祖庙而年年要去进香谒祖。慢慢就把早期从湄洲分灵去的娘妈像尊称为"妈祖"，意为娘妈之"祖"。因而供奉林默的庙宇多称"妈祖庙"；天津地方俗称天后为"娘娘"，因而天后宫亦俗称"娘娘宫"。

（二）先有娘娘宫，后有天津卫

娘娘宫是供奉海神天后的庙宇，而天津卫则本来是军事建置的名称，包括天津卫、天津左卫和天津右卫，后来将三卫合一统称为"天津卫"，并逐渐成为天津城市的代名词。

那么，娘娘宫和天津卫到底又有什么样的关系呢？

原来，在天津城市发展的历史长河中，娘娘宫的建立早于天津建城设卫一百余年。故民间有"先有娘娘宫，后有天津卫"之说。

其实，在明代之前还没有"天津"之名。天津地区最初是由海域演变为陆地的"退海之地"。传说中华民族的始祖黄帝曾经率部落活跃于天津地区。民间传说黄帝打败蚩尤建立黄帝城后，曾两次来天津盘山向广成子询问治身长久的道理。后来，黄帝又把部落迁移到天津地区，当看到各部落之间"和治诸夏，万民平均"，于是把帝位禅让给颛顼，之后便只身进入盘山修行，由途中神人指路到崆峒山找广成子老师。当时广成子嘱黄帝说："修期三载，凡界三千年，满后，在这鸡鸣之处，将有一殿，殿连中盘，为你凡界龙族至圣之地，华夏诸龙脉多发于此。"果然，不知从哪一年起，盘山自来峰和挂月峰之间的北台，真的叫起"鸡鸣岭"来了。而且在台上真的有一座大殿，正中有五个大字"黄龙祖师殿"，殿处绝顶，气势恢宏。殿旁有一棵松树，树杈平伸，似一打坐僧人用手指着人间万象。松树枝上悬有一尊巨大铁钟。这个传说是天津地区最早的人类活动记载。在天津后来的考古发掘中，曾在蓟县崆峒山和翠屏山等地发现了六千年前的新石器时代的早期遗物，在史学界引起很大轰动，说明从蓟县崆峒山到涿鹿之野，应是中华民族最早的发祥地之一。

在很长的年代中，天津地区以盐业生产为主要经济依托，逐渐发展繁荣起来。隋代大运河开通后，进一步奠定了天津作为北方交通枢纽的地位。隋唐以后，由于宋、辽南北对峙，天津一带又成为举足轻重的军事要地。金朝灭辽后，将都城迁至燕京（今北京），并改燕京为中都，几十万居民及庞大的政府机构、驻军所需的粮食及其他物资，大都从山东、山西、河南等地征集，由运河运至中都。大批的漕粮经过今南运河、滏阳河、滹沱河、子牙河、大清河汇集到今天津地区，由此再转运至中都。卫河与海河交汇处的旧三岔河口西南一带，由于地势较高，成为理想的天然码头，并随着漕运和制盐业的不断发展而成为航运的枢纽。

金朝末年，北方的蒙古族骤然崛起，内地亦不断爆发人民起义，为保障中都以及漕、盐储运的安全，金王朝先在现天津市郊武清区和柳口镇（今杨柳青镇）派出"巡检"，率兵戍守。金贞祐元年（1213年）后又在这里建立了"直沽寨"。从此，三岔河口一带便由单纯的漕运枢纽开始发展成为漕运与军事相结合的畿南重镇，并为天津城市的发展奠定了基础。而"直沽"也成为天津城市发展过程中最早出现的名称。直至今日，"直沽"二字仍然被广泛地应用为天津的代名词。

元朝时，漕运河海并重，使海河干流的航运功能日益明显，无论海漕还是河漕，地处三岔河口的直沽都是当时漕粮的集中和转输要地。这一优越的地理位置促使天津这一海滨荒地"舟车攸会，聚落始繁"①。对于直沽寨这样一个重要地区，朝廷当然不会掉以轻心。于是，元朝延佑三年（1316年）加强了对直沽寨的军事守备，命副都指挥使伯颜镇守直沽，并改直沽寨为"海津镇"。

因为元朝开辟了海运漕粮，使人们与海洋有了更多的接触。由于当时航海技术有限，漕船海难不断发生，人们对海

---

① 《新校天津卫志》卷四"艺文"。

洋产生了畏惧感。尽管海运凶险，令人生畏，但身负朝命，不少官兵不得不冒着风险去航海。同时，官兵漕运，可得高升，商旅懋迁，也有利可图。为解脱精神上的恐惧，人们遂把祈求平安的愿望寄托在虚幻的神灵保佑上。因为元代所有的军需民食"无不仰给于江南"①，其驾驶漕船的舟师水手又多是闽浙一带的南方人，为求得心理上的慰藉，他们将自己故乡的信仰习俗带到了北方，也将家乡敬奉的海神——天妃——传到了天津。元人臧梦解在他所做的《直沽谣》中有这样的记述：

> 杂还东入海，归来几人在？纷纷道路觅亨衢，笑我蓬门绝冠盖。虎不食堂上肉，狼不惊里中妇。风尘出门即险阻，何况茫茫海如许。去年吴人赴燕蓟，北风吹人浪如砥。一时输粟得官归，杀马椎牛宴闾里。今年吴儿求高迁，复祷天妃上海船。北风吹儿坠黑水，始知溟渤皆墓田。

于是，于元至元年间建起了东西对应的两座庙宇。一是位于旧三岔河口迤南，天津旧城东门外迤北海河西岸的天妃

---

① 《元史·食货志》标点本第 2364 页。

灵慈宫，俗称"娘娘宫"，后叫"天后宫"。其坐西向东，庙门对着海河，便于人们在船上祭祀祈祷。明人《直沽棹歌》中曾有一首描写当时人们在船上向天妃庙祭祀的情形：

> 天妃庙对直沽开，津鼓连船柳下催。
>
> 酾酒未终舟子报，柁楼黄蝶早飞来。

由于其地处海河西岸，故民间亦以"西庙"称之。此庙还是目前全世界所有天后宫（或天妃宫、妈祖庙）中唯一受过皇封的敕建庙宇。西庙的主要建筑有山门、牌坊、前殿、正殿、凤尾殿、藏经阁、启圣祠、过街楼张仙阁、戏楼及灶君殿、关帝殿、火帝殿、河伯殿、财神殿、马公祠等十多座大小不一的配殿等。其供奉的神像更为庞杂，主要有天后娘娘、送子娘娘、眼光娘娘、子孙娘娘、瘢疹娘娘、千子娘娘、耳光娘娘、引母娘娘、乳母娘娘、百子娘娘、泰山娘娘（俗称"傍娘娘"）、南海大士、送子观音、千手千眼观音、大势至菩萨、释迦牟尼佛、关帝、灶王、财神、火帝、太上老君、玉皇大帝、华佗仙师、太阳星君、太阴星君、吕祖、张仙、地母娘娘、雷祖、行雨闪电娘娘、雷公、兼管乳食宫官、救急施药仙官、散行天花仙女、散行痘疹童子、逐姓催生郎君、龙师、三官、罗祖、药王、斗姆、三元、文昌、王三奶奶、白老太太（刺猬仙）、黄二大爷（黄鼬仙）、疙瘩刘爷（巫医）、送浆哥哥、挑水哥哥、报事灵童、王灵官以及天后的四个侍从千里眼、顺风耳、嘉善、嘉恶和唐明皇、岳武穆、三界狩使、四值功曹、明代太监曹公、马公二人（因修庙有功被塑像纪念）等包容了佛、道、仙及所谓有功之臣在内的一百多位神像。其实，这些神像的供奉，多半是庙中僧道为增加香资而逐渐形成的这一特殊模式。由于西庙紧挨三岔河口码头，船只停泊后均就近来此祭拜，因而香火极盛，就连皇帝也派要员来此。如元朝泰定年间，泰定帝孙铁木儿曾派国子监祭酒张翥为特使来此祭祀天妃。张翥为元代著名诗人，当时即兴写了一首题为《代祀天妃庙次直沽作》的诗，记载了当时粮船汇集在三岔河的盛况和祭祀天妃的活动情景：

> 晓日三岔口，连樯集万艘。
>
> 普天均雨露，大海静波涛。
>
> 入庙灵风肃，焚香瑞气高。
>
> 使臣三奠毕，喜气满官袍。

另一座是在大直沽建造的祭祀海神的天妃宫。因其修建在天津河东，故民间称其为"东庙"。东庙建造时间也没有确切的记载，据考大约建于元延祐年间（1314—1320年），东庙建后不久被大火焚烧。元泰定三年（1326 年）重修。东庙建有后殿、大殿、东西配殿、二门、山门、戏楼等建筑，供奉的神灵也十分庞杂，仅大殿就供有天后娘娘、眼光娘娘、瘢疹娘娘、送生娘娘等五位娘娘以及十位赞相、三官等偶像 39 尊。东西配殿分别供有真武大帝、火神、圣公圣母（天后的父母）以及财神、城隍、土地神等等。庚子之乱，庙宇全部被毁。清光绪三十一年（1905 年），仅重新修建了三间大殿。1950 年以后，大部分建筑又改作他用。东庙从始建到废除，前后经历了 630 多年。

近年来，随着城市发展史研究的不断深入，关于天妃灵慈宫的始建年代在学术界亦引起了不小的争论，有说东庙早于西庙建立；亦有说西庙建造的时间更早。但目前对此仍无更充分的权威性材料加以佐证。

明代，是天津城市发展的重要时期，即由元代的海津镇发展为天津及左、右三卫，建立了卫城，并开始正式使用"天津"这一名称。

关于"天津"这一名称的由来，民间有许多传说故事。明太祖朱元璋夺得天下后，曾封他的第四子朱棣为燕王驻扎在北方。燕王年富力强，能文善武，到北方后，一心想干出一番事业。他从江淮一带迁来许多百姓，落户北京、天津一带，建立村庄，开垦荒地。并命令军队，战时打仗，平时屯垦。只几年工夫，就改变了元朝时的荒芜面貌，日益兴旺起来。朱元璋为此也十分高兴。燕王暗想，自己如此功高，又居储王之前，日后袭皇帝之位非己莫属。

明洪武三十一年（1398 年）明太祖朱元璋死了，他遗命将帝位传于长子懿文太子朱标的第二子朱允炆（建文帝），燕王见自己想法落空，即公开宣布：这是朝廷奸臣捣的鬼，遂以"靖难"为名，起兵与自己的亲侄子建文帝争夺天下。

明建文二年（1400 年），燕王整顿兵马，沿北运河南下"渡直沽，昼夜兼行"①，督师南征。有一天，大军来到三岔河口，放眼望去，河里的舟船相连，岸上的车辇相接，两岸人烟稠密，店铺林立，热闹非凡。燕王对随臣说："这个地方大有可为，应该给它起个好名字，不能老叫'小直沽'，它可不小啊！"群臣们听了，忙附和："燕王说的是，请千岁赐名。"

燕王一时想不出来，望天思索。群臣见他看天，料定他意在"天"字上，一位大臣进言道："依臣之见，是否把它改

---

① 《明史·成祖本纪》标点本第 72 页。

为'天平'？因千岁是奉天子旨意，平定北方，正合'天平'二字。"燕王还未回答，老臣刘伯温忙启奏："依臣之见，不妨改叫'天津'二字。千岁匡扶社稷，率民讨伐，顺乎天意，所以叫'天'；在这里渡过河津，所以叫'津'。另外，在古时候就有天津之称，是指天河中有九星，占据整个天河。因此，'天津'二字既典雅，又有气派，确应为此地之名。"燕王听罢面露喜色，点点头说："此名正合吾意。"随即传谕地方，将此地改名为"天津"。后来，民间大都将"天津"二字释为天子渡过的河津。天津旧城北门之外的渡口处曾建有"龙飞渡跸"的牌坊作为纪念。

明永乐二年（1404年），永乐帝（即燕王）在天津设置卫和左卫，同时命工部尚书黄福、平江伯陈瑄等修筑天津城。永乐四年（1406年），又设立天津右卫。天津三卫的设立，进一步加强了天津的军事防备。之后又派老臣刘伯温到天津勘察地形，准备建天津卫城。民间曾流传许多关于天津建城设卫的传说故事。其中以刘伯温遇金甲点化设计天津卫城的故事较为脍炙人口。话说刘伯温一行到天津多日，虽对天津的地理位置十分满意，但至于筑造一个什么样的城池还拿不准。

有一天夜里，已过三更，可刘伯温仍心事重重，苦苦思索，辗转难眠，于是他便披着衣服走出门去。当行至三岔河口以南的地方时，突然看见前边不远处有个顶天立地的巨人，背朝他坐在地上。这人头戴金盔，身着金甲，在夜色中熠熠闪光。原来是一个金甲神！刘伯温再走近一看，只见金甲神面朝北，左手托金鼓，向西方伸着，右手擎算盘，向下沉着，泰然自若，一言不发。待刘伯温惊诧之时，金甲神便忽地化作一缕轻烟，一瞬间无影无踪。

刘伯温回到屋里后，百思不得其解。他苦苦地思索着，想着想着，就联想到筑城的事情来了。他灵机一动：对呀！这金甲神一定是冲着筑天津卫城的事儿来的，这是神灵为我指点迷津。他左手托金鼓向西伸，一定是说金銮殿在西方；右手托算盘向下指，是在表示此地修城后，必定是皇帝（西方金銮殿）的财力聚集地。算盘和算盘珠，就是暗指要在此定位、定向。

第二天一早，刘伯温就按着算盘的样式，定下了四周城围的尺寸之后，又按易经八卦上的东方甲乙木，南方丙丁火，西方庚辛金，北方壬癸水的五行干支方位画出了四个城门，又按中央戊己土方位画了一座镇城鼓楼，而且在鼓楼下及四个城门下都按要求各自埋下石碑，上面写着要注意哪些的谶语。因城的形状像一个算盘，故有人称天津城为"算盘城"。

不久，天津城就按刘伯温的设计建造起来，城为扁方形，城垣为九里十三步，城东西长 504 丈，城南北长 324 丈，高 3.5 丈；四面建门，门上建高大的城楼，其中北面城楼最大，当时的明朝工部尚书黄福曾即兴提笔起了"赛淮安城"的名称，而另外三个城门都还没有名称，只以东、南、西门之称，加以区别。在城中间，建有鼓楼，鼓楼高三层，以此为中心又辟有四条街道，街的两端一抵鼓楼，一抵城门。城东距海河 250 步，北距卫河 200 步。

过了大约 80 多年后，明弘治四年（1491 年）大学士李东阳、天津按察副使刘福等看到土城毁坏严重，遂建议重修。在重修天津城时，改土城为砖城，各门又筑瓮城，并将东、南、西、北四个城门的名称分别定为"镇东"、"定南"、"安西"、"拱北"。清康熙十三年（1674 年）又将四面城门改称"东连沧海"、"南达江淮"、"西引太行"、"北拱神京"。

清雍正三年（1725 年），天津大盐商安尚义父子又捐资修城，并改城门名：东门称"镇海"，南门称"归极"，北门叫"带河"，西门叫"卫安"。据说这其中的"安"字曾是雍正皇帝亲自御批的，是将其姓赐予西门名称之中，意为"天津卫的安姓人家"。

在明、清的历史上，有很多诗人曾赋诗盛赞天津城及其周围景致。

从天津建城到清光绪二十七年（1901年）八国联军"天津都统衙门"毁城的五百年间，各地商贾和百业杂匠纷纷定居于此。城内外各种集市遍布，店铺饭馆林立。特别是清代中叶，天津的各行商业与市廛出现了一派繁盛的景象，各种专门性街道和市场纷纷建立起来，如估衣街、针市街、粮店街、锅店街、竹竿巷、布店胡同、肉市、鱼市、菜市、驴市乃至还有专卖来历不明商品的"鬼市"。同时还出现了全国最早经营汇兑、存款和放贷的票号。到鸦片战争前，天津已成为全国著名的商业城市。

随着时间的推移，城内居民按各自经济和社会地位的差异，还逐渐形成了贫富贵贱隔道依门分居的聚居格局，即形成了所渭"北门富，东门贵，南门贫，西门贱"的奇特现象（这一切如今已不复存在了）。

但是，不论天津城如何繁华热闹，人们都忘不了天后宫内那位海神娘娘，忘不了"先有娘娘宫，后有天津卫"这句老话。

（三）海神与护城神的世俗转化

当南方的舟师水手和商贾们将天后的信仰传入天津后，便逐渐在天津民间普遍传播开来。但当时天后落户津门的主要功能仍是以护佑漕运和商旅的航海平安为主。至今尚存的天后宫"海门慈筏"牌坊和正殿内供奉着的各种木船模型都是天后护航功能的一个历史的明证。

读者一定会问，这些木船模型是干什么的呢？为什么会供奉在天后宫正殿中呢？

图 1　昔日天后宫内的"海门慈筏"牌坊

原来，这些精致的小船都是历代商贾、船夫向天后娘娘还愿的贡品。传说 600 多年以前，广东有个大古董商，从广州携带大批古玩珍品随漕船北上，当漕船行至黑水洋时，遇到大风暴，周围许多船只被风浪掀翻沉没。这个古董商吓坏了，他一怕自己性命难保，二怕船上这些价值连城的古玩珍品葬于海底。于是，他便高声呼叫海神娘娘保佑，并许下愿说如果自己所乘漕船平安抵达直沽，一定要为天后娘娘重镀金身，捐资修庙。他这一着果然奏效，他所乘的船只仿佛有神力相托，尽管海上还有风浪，但漕船却能平稳地航行，一直顺畅地抵达直沽。商人的感激之情难以言表，下船后便径直奔到天后宫，在正殿天后娘娘神像前连磕了三个响头。想到他自己许诺下的心愿，不禁又心疼起钱财来了。在天津民间有这样一个说法，既然给神灵许愿必得还愿，否则就会遭受报应。这可怎么办呢？到底是商人主意多，这古董商忽然灵机一动，想出一条妙计。他托人照着他所乘漕船的样子做了一只小木船模型，将这条"船"进贡给天后娘娘，说是将整船的宝物都献给娘娘了，借此吉言算是还了愿。

打这以后，不少商贾、船户也都纷纷效仿古董商的做法，凡出海平安回来后都到天后宫向娘娘进贡一条小船模型，日积月累，天后宫正殿的小船模型便越来越多了。

由此，我们也能看出人们对民间神的信仰的自我约束力要比纯宗教信仰来的宽松和容易，这一点其实也是民间神得以受到普遍信仰的主要因素之一。

天后娘娘对于天津人来说，是一位外地神。天后信仰之所以能在天津地区发生如此重大的影响，一方面是因为海神的朴素含义正符合了当时海运、漕运的社会需要，成为从业者重要的精神支柱；另一方面，聪明的天津老百姓在接纳天后信仰的同时，融入了当地的经济文化内容，使天后娘娘的职能更加充实、完备，更接近广泛的民间百姓。于是，在舟师水手和商贾们普遍把海神天后作为自己航海运输保护神的同时，天津城市中的百姓率先将天后信仰移植到与自己生活密切相关的求子和祛疾（主要是天花）方面来，赋予了天后娘娘更多、更实际的功能。

产生这种现象的道理很简单，一是天后神本是女性神祇，自然更容易得到民间妇女的信赖，尤其在那个妇女地位极其低下的封建时代，妇女们愿意将自己的苦衷向天后娘娘申诉；二是那时妇女最关心的是子嗣和儿童的天花，希望有神灵来保佑儿童，而恰恰在广泛流传的天后灵迹故事中，有关生育和祛病的内容最多。比如，民间曾传说天后家乡，福建沿海一带，妇女们在下海捕鱼或从事其他劳动时，常把婴幼儿寄放在供奉天后的庙宇内，不论多长时间，孩子均不哭不闹，也不会饥饿，一切安然无恙。这种"神姑显灵"的神话传说对天津众多的妇女来说影响是极大的。在她们的心中，天后已成为可司各事之神，成为她们心灵中的唯一主宰。于是，人们赋予了天后越来越多的职务，并按其职务分化出"子孙娘娘"、"癍疹娘娘"、"耳光娘娘"、"眼光娘娘"、"送生娘娘"、"千子娘娘"、"百子娘娘"、"乳母娘娘"、"引母娘娘"等众多的神灵，并说她们都是替天后娘娘分劳的化身。

妇女们依赖天后娘娘，虔信其灵迹的行为莫过于至今依然存在的"拴娃娃"习俗。

旧时，天津民间对生育子嗣极为重视，以"不孝有三，无后为大"作为检验孝道的重要标准，认为子孙的繁衍关系着家族的兴旺和发达，特别讲究"早养儿子早得济"，崇尚"五男二女"，多子多福。因此，一些婚后不育的妇女便来天后宫向天后娘娘求子。也有的老年妇女或为儿媳妇或为女儿来此求子。所谓拴娃娃，就是在送子娘娘神像前用红绒线绳拴走一个一寸大小的泥娃娃。当时拴娃娃有两种形式：一是较富足人家的妇女多由道士陪伴，在众多的泥娃娃中选一个拴回家，同时要留下为数可观的香资。二是生活较贫寒的人家则要背着道士悄悄地偷一个揣在怀里带回家。有钱也好无钱也好，道士只是一眼睁一眼闭。因此，这种风俗也叫"偷娃娃"。无论采取哪一种方式，人们在拴娃娃时都要默念提前为娃娃起的名字，说："××，跟妈妈（或奶奶、姥姥）回家吧！"带回家后，要将小泥娃娃放在卧室内炕角里边，不能压着磕着碰着，也不能晾着。一旦妇女怀孕生下孩子后，方可将小泥娃娃拿出来，先得去天后宫还愿，即在洗娃娃庄塑99个同样的小泥娃娃送还给送子娘娘像前，另外将自己拴走的小泥娃娃重新加泥塑成更大一些的，带回家中神佛龛旁供养起来，将其视为自己的长子，而亲生儿子或女儿则要排行老二。因此，泥娃娃也称"娃娃大哥"或"娃娃哥"。每天吃饭时，做家长的还要在娃娃大哥的像前放置食物碗筷，年节时还要为其添置新衣服。每年还要到洗娃娃庄去"洗"一次娃娃，即为塑像重新加大，视为长了一岁。年复一年，娃娃大哥的形象从穿兜兜的小儿一直要"长"到留满胡须的老者。与此同时，随着其弟妹的长大，成家立业，生儿育女，娃娃大哥的辈分也随之增长，由娃娃大哥升为娃娃大爷、娃娃大舅、娃娃爷爷，直至太爷……倘若父母相继亡故，娃娃大哥要由其弟弟一代一代传下去，永远供养着，因为人们认为所有的子孙都是由"他"带来的。

由于妇女们对天后的崇拜不断扩展，天后的法力和职责亦越加广泛无边，求财、求官、求吉、求顺……凡一切愿望皆有求于天后娘娘。特别是从清代乾隆开始，每年春秋两季即农历二月、八月，都要由直隶总督亲临天后宫祭神，使天后逐渐成为天津的护城神，至今在天后宫前殿上方还有清康熙十三年（1748 年）天津道副使加六级薛柱斗敬献的"三津福主"匾额。

需要说明的是上面所言的"三津"，是当时的文人墨客对天津的又一称呼，它也是来自天津"三卫"之说。

此外，民间还盛传着"天后娘娘坐海眼"的故事。说天后娘娘宝座底下就是海眼，天后娘娘动不得，一动海水就会淹没天津城。传说日本帝国主义侵占天津时，曾想把娘娘的塑像推倒弄到别处，就是因为听了这个传说才没敢动。这个传说更将天后娘娘视为主宰天津城市命运的保护神。

天津民间对海神天后的信仰与其他地区不同，其最重要的一点是沿海渔民并不完全崇拜天后娘娘，他们在家中或在船上多供奉大（音 dài）王（即龙王）、关公、碧霞元君或三霄娘娘。在天津城市的发展变迁中，天后反倒已演变成为城市居民居家生活的保护神，被视为天津城市的一位伟大的母亲。中国著名红学家周汝昌先生在 1996 年回家乡天津参加天后宫庆祝天后诞辰 1036 周年纪念活动时曾发表演说，他说天津城市有两位母亲，一位是母亲河——海河，一位就是天后娘娘。可见，天后的民间信仰对天津的影响之大。这种影响传承了很多代，为皇会的形成提供了强大的社会力量。

二、从娘娘会到皇会

任何一种事物的发展都不能脱离它所处时代赋予的客观条件，皇会亦是如此，它的产生和发展是与其生存的土壤和环境分不开的。

皇会原被称为"娘娘会"或"天后圣会"，民间口传它起源于清康熙四年（1665 年）。其实，在此之前民间已存有一定规模的酬神祭祀活动，因为差不多在元延祐三年（1316 年）时天津已建起了供奉娘娘的庙宇天妃宫，在这漫长的岁月中，民间的祭祀活动只是在规模上小于皇会，在名称上不叫皇会罢了。

漕运的兴起，促使天津成为重要的交通运输枢纽和商品集散中心，特别是当长芦盐的管理中心移到天津后，加上官督商销的引岸专商制的推行，使天津出现了一大批具有封建垄断性质的豪门巨富，大大加强了天津城市经济的实力。这些都为皇会的形成提供了丰厚的物质基础。此外，历代皇帝对天后的册封和对皇会的赏赐以及天津地方官府给予的认可和一系列商业优惠政策，亦对皇会的兴盛起到了很大的促进作用。特别是天津居民五方杂处，且有不少人从事长期漂泊不定的海上运输、买卖以及繁重的搬运劳动，这种毫无生命保障的单调、枯燥生活培养了他们强烈渴望团圆、聚义互助的性格，使他们形成了凡事爱凑热闹、讲义气、肯出钱出力的粗犷的社会心态和纯朴的参与意识。在当时，热心公益、急公好义、济困扶弱已成为天津城市生活中的理想人格模式。因而，皇会的举办是在这样一个拥有广泛的群众基础的条件下发展壮大起来。

（一）五彩缤纷的"会"

要了解天津皇会的起源，不妨先从天津民间诸多的"会"说起。

我们这里说的"会"，具有多层含义。一是指在天津民间信仰和民间娱乐活动中所形成的具象形态，它最初只是表现为民众为敬神、求神、酬神、娱神以及驱邪避灾、自娱自乐而进行的各种歌舞表演，当这些表演在规定的时间内进行时被统称为"出会"或"行会"、"过会"；二是将各种歌舞表演中的一种单独称作"会"，或者"老会"、"圣会"，如"法鼓老会"、"高跷圣会"等，这些会大都是由某个地段的居民自发组织起来的相对独立的一个最基层的民间组织；后来，随着社会经济文化的发展，"会"的概念涵盖面越来越宽。除民间歌舞表演的艺术性、技术性和组织性有了较大的提高外，又增加了许多类似于今日杂技的技巧性表演，增强了这些歌舞的竞技性，促使各个表演团体，也就是各个会之间的竞赛。因此，后来人们又称出会表演为"赛会"；与此同时，庙宇越建越多，仅城区内就有娘娘、龙王、药王、关帝以及韦陀、弥勒、准提、达摩、财神、吕祖、城隍、地藏等庙宇百十来座。特别是商品交换、贸易往来等经济活动渗透到各种会之中，丰富了会的内容，形成了在一定时间内届时举办的"庙会"或"香会"。

旧时，天津曾有好几处规模宏大的庙会，其中以蜂窝药王庙会、城隍庙会、龙王庙会及天后宫庙会等最为著名。特别是娘娘宫庙会，以其独特的形式和非凡的场景，最终演变为有富商和官府参与的皇会。

蜂窝药王庙会

蜂窝药王庙会从每年的农历四月十五起举行，其中以四月二十五、二十六两日香客和游人最多，"肩摩毂击，拥挤异常"①。直到四月二十八药王诞辰日止，持续时间近半个月。蜂窝庙不大，只有三进的三个大殿和两侧的四座配殿，庙四周没有围墙，亦没有山门。据说当初建庙时有一位僧人曾路过此地，他对当地人说，此庙不能有山门，如有，则不祥。但在清道光二年（1822年）时，有一位叫黄衍的施主认为没有山门是对神的不敬，故捐津钱五百千建成山门。可是不久便被更夫因吸烟不慎而毁于一旦。这在当时曾引起不小的轰动，人们都认为这是不听僧人的告诫而惹下的灾祸。从此，再也无人敢贸然建山门，这本属巧合的事被附会到所谓灵验之说了。

蜂窝庙平时聚集一些会顶神儿的巫师为来此进香的香客"下神儿治病"。尽管蜂窝庙距城区较远，但庙会期间仍吸引众多的善男信女纷至沓来，而且进香者很自然地形成前一周为城厢内外居民，后一周为海河区域居民的降香期这一特殊现象。这其中有三点可以说明这一庙会的魅力所在。一是有

① 《津门杂记》卷中 34 页。

所谓"灵验"的"跳五祖"大师。跳五祖是一种较粗俗的顶神儿方式。据说五祖是佛界的一个和尚，人称惠能。顶神儿的若是顶上了五祖，即表现为跺脚、拍桌子、砸板凳，并同时大叫自己是五祖，只三言两语就退神儿，此时还要单腿再跺脚，更有甚者还会口吐白沫。由于旧时医疗技术落后，人们寄希望于药王帮助自己及家人解除病痛，又盛传顶神儿的很灵验，正如庙中的一副对联所书："泽加于民，庶几无疾病；援之以手，如见其肺肝"，所以香客蜂拥而至；第二点是出会的表演十分精彩，各老会、圣会皆踊跃参加，如法鼓、鹤龄、秧歌、小车会、跑旱船、少林会、狮子、高跷等争妍斗艳；第三则是商品交易繁荣。人们除在这里买卖日用品及生产工具外，主要销售一种麦秸玩具。当时蜂窝村及周围的农民家家都会制作这种玩具。它是用麦秆劈成段儿后编结成的，造型有鸡、鸭、鱼、猪、兔等动物及花卉、福寿字等多种，颜色艳丽，几乎每位来参加庙会的香客临回去时都要买上一个插在头上或别在衣扣上，视为"带福还家"，就此而言，哪一位肯放弃这"福"不要呢？

城隍庙会

城隍庙会于每年农历四月初一城隍生日起到初八晚间举

行完鬼会止，历时八天。届时，庙前张灯结彩，搭台造棚，连续七天唱戏不断。津门名士梅宝璐曾为戏台书写"善报恶报循环果报早报晚报如何不报，名场利场无非戏场上场下场都在当场"的对联。农历四月初六和初八两天是城隍出巡日。初六的出巡路途很近，出罢即归，这是为初八进行正式出巡和鬼会所做的预演。初八这天才是正日子，全部节目都要上街。城隍庙会最有特点的是它将行会分为"娱神花会"和"鬼会"两部分。

娱神花会在中午后举行。由几十道表演项目按顺序排列上街，主要有门幡、中幡、挎鼓、秧歌、重阁、杠箱、高跷、抬阁、十不闲、五祖会、坛子会、杠子会、猴爬杆等。娱神花会通常要沿街表演至晚间鬼会开始时才告结束。

鬼会的表演团体有十道，包括无常、同顺、意善、德顺、五福、五伦、劝善图、十司、十魁、五魁等组成。在这十道表演团体前有会头红犯等，其后又有都魁，故又称这些表演团体为"十二帮"。鬼会的表演顺序有严格的规定，不得随便更动。表演者按扮相要求进行化妆，多戴面具，踩高跷腿子。红犯都是自愿者穿上红布衣裙，戴上刑具，在手持钢叉的牛头马面、夜叉等鬼差的押解下前进。其目的是为其父母祈福求寿。在红犯的后面还有群自愿挂灯的人,这些人或为父母或为自己采取自残的方式在胳膊上挂有数量不等的灯笼,这是一种赎罪祈福的方法。人们认为这样做了以后,人到阴间就可以平平安安。但是,这种方式的痛苦和残忍非一般常人所能忍受。它的方法是用钢钉穿透臂肌,左右臂各穿三孔,每孔各挂三只羊角灯,灯中点燃蜡烛。走路时,两臂平伸,有铁链相连,距离地面约半尺左右。接着便是黑白无常鬼,民间俗称"吊死鬼",其扮相恐怖,头顶高帽,二目流血,舌长及胸,手持扇子。其后还有一个女吊死鬼,意在寻找替身。三人一组的"同顺",是由两个殃神和一个阴阳界组成。殃神是给人们带来灾难的丧门神。阴阳界负责出入阴阳两界传达消息,因此,其服装是一半白色,一半黑色。"意善",民间也称其为"面然大士",形态为红发蓝面,这是民间所说的大鬼。"德顺",主要表演走金桥、过银桥的故事。"五福"、"五伦"、"劝善图"等均分别表演"酒、色、财、气"给人间带来的灾祸和在阳世坑蒙拐骗、吃喝嫖赌、欺良凌弱、巧取豪夺以及虐待父母长辈的恶鬼们被施以挖眼、割舌、下油锅、上刀山、磨碾、锯拉、狗咬、蛇缠、走奈何桥等种种"酷刑"的惨景。其目的是劝人为善,教人忠孝节义。"十司",主要表演十殿阎罗出巡。"十魁"的表演也很有意思，演员都是由市内的大户人家子弟担任，扮相为模样俊俏的鬼。所佩戴的装束均由其自家置备，因而各家争相攀比，显示豪华，更使这队人马珠光宝气、富丽堂皇。特别是在他们的背后还有一座高大的"佛照灯塔"，进一步衬托出其豪华和气派。"五魁"，是表现钟馗吃鬼避邪的故事，向人间宣传扬善抑恶的精神。鬼会队伍的殿后是被称作"都魁"的会，这是一群在城隍赦孤时驱疫逐厉、赶走众鬼的鬼差，其后有专人高举绿色的都魁灯和都魁亭。

城隍出巡队伍紧接在鬼会队伍之后，浩浩荡荡，极为壮观。最先是十余人手执小黄旗引导，后为四面开道锣、八对飞虎旗、回避牌、肃静牌、官衔牌等全副执事清道，与旧时知府官员出巡相同。在这些执事仪仗之后便是卤簿、尖马、马弁、定座、摆马、对子马、拜香者、香锅等。之后，便是两把巨大的黄色罗伞，后置绿呢金顶红穗的"永寿官轿"，城隍的神像端坐其中，里面还摆有瓶、盂、拂、鼎等法器，鼎内点燃檀香。神轿之后，有"东、南、西、北、东北、东南、西北、西南、上、下"等十路神灵护驾，甚是庄严威武。

城隍出巡的高潮是"赦孤"，这也是鬼会的最后一项内容。赦孤是城隍通过代言人对有罪鬼犯进行赦免，并允许那些客死津门的游魂孤鬼遣返还乡。赦孤仪式一般在子夜时开始，地点在天津城西门外厉坛，也就是白骨塔。接驾会的成员要在此搭棚设祭坛，先点上蜡烛，然后点燃灯盏，烧纸钱。这时，城隍神像后有代言人宣布赦孤开始。之后，鬼会的成员个个面目狰狞，凶神恶煞般用五齿钢叉在乱坟茔周围地上乱戳，口中不停呼号："有仇报仇，有冤申冤。"行赦者以城隍、十司、面然大士、无常、殃神、阴阳界、钟馗、都魁及牛头马面等掌握人间生杀大权的鬼神为代表；受赦者有红犯、十魁、五福、五伦等有罪类鬼组成，当他们听到被赦的命令后，必须迅速往回跑。这一命令也是鬼会结束的标志。前来观会和参加表演的人们都怕将鬼祟带回家中，多不敢回头。为了消除人们的恐惧心理，为午夜的活动增添新的乐趣，接驾会的成员还要安排抬神轿的轿夫进行跑落（音 lào）儿表演，直至返回城隍庙。随着人们的喧闹和吆喝，跑落儿表演又使临近结束的鬼会再度掀起一个不小的高潮。

城隍庙会还有一个吸引人的特点是届时举行的设摆。接驾会的成员要向市内大户人家借来硬木家具、古董、字画等稀有珍品，陈列在事先搭好的大棚内供游人参观，这也是平民百姓大开眼界的好机会，故吸引众多的游人前来一饱眼福。

龙王庙会

龙王庙会通常是在天气干旱的季节举行，人们的主要目的是向龙王祈雨，以求庄稼丰收、人无病灾。天津的龙王崇拜比较普遍，而且龙王神像也有别于其他地区，其形象为青面，身着绿袍，鼻间撅出两条白龙须，左足蹬一水龟，右足踏一青蛙，通身为藤胎糊以粗布，外罩彩色涂料。

龙王庙会是民间自发组织进行的，其经费开支大多数由商人捐助，另一部分由居民百姓筹集，官府对此也极力支持。出龙王会就是将供奉在千隆寺的龙王神像抬至城东门外的玉皇阁，让龙王和玉皇大帝商讨行雨之策三天。在这三天里，民间要在玉皇阁前举办祭祀庆典活动。第一天为送驾日，第二天为接驾日，这两日的出会活动最为壮观，人们抬着龙王神像走街出巡接受香火。龙王神像前要有雷公、电母、行云童子的神像，前后还有仪仗执事开道护驾。再后面是扮有龟、鱼、蛤、蚌等水族造型的队伍。其中用彩纸扎成的大龟最有特色，它由一人钻入纸扎龟壳内，用手足爬行。另外，还有一些人穿臂举灯，类似鬼会活动。人们期望以这种惨烈的举动来感动龙王降雨。这些会一路上敲锣打鼓，沿途的百姓都要焚香祈祷。龙王庙会队伍中常伴随着一些顽皮的儿童，他们用泥巴做成龙状，涂上绿色，两个人用木板抬着，在它前面是一个背负竹圈的儿童，竹圈上糊以绿纸，扮作甲鱼状。他们边走边做出种种丑相，引围观者发笑，并沿街向商号店铺讨要吉庆香钱，为龙王庙会增添了许多情趣。第三天，除民间的进香活动外，主要就是各表演老会、圣会的自娱自乐表演和庙前的商业贸易活动。

娘娘宫庙会

娘娘宫庙会是天津众多庙会中最为隆重、影响最大的庙会。很长时间内，娘娘宫庙会俗称"娘娘会"。起初，娘娘宫庙会一年举办好几次，除了农历三月二十三日天后诞辰大庆之外，农历腊月十五至正月初一还要举办盛大的庙会。平时，特别是五月初，海运频繁，海船出海或返港，如果平安无事，也要庆贺一番，由商贾出资，名为酬谢娘娘，实为船工平民自娱和娱人。

农历三月二十三娘娘诞辰庙会后来演变成一年一度或几年一度的皇会，我们将在后面专门细致描述，这里先讲讲腊月举办的娘娘宫庙会。

为什么在腊月这冰天雪地的寒冷季节举办规模宏大的娘

娘宫庙会呢？

　　说起来它与天津人传统的年节习俗以及历史上的娘娘宫所处的地理位置有密切的关系。天津人十分重视过年过节，这在全国乃至全世界大城市中极负盛名，这与天津的历史地理环境、五方杂处的人群结构、多数人长期从事漂泊无定的海运、漕运职业有关。每到年节，人们企盼能够与家人平安团聚，共享天伦之乐，共祝来年好运。这种习俗与心理的浓烈程度是其他城市的百姓无法相比的。

　　天津卫有句俗话："过了腊八就是年。"人们一过腊八就不再忙于别的事，以极大的热情把精力和财力投入到忙年的活动中。各家各户务求把吃的、穿的、用的一并准备齐全，形成了从腊月"二十三灶王爷上天；二十四扫房子；二十五糊窗户；二十六炖大肉；二十七宰公鸡；二十八白面发；二十九贴到有；三十合家欢乐坐一宿"到"初一的饺子，初二的面，初三的合子（一种圆形的"饺子"，具有合家团圆之意。做法与包饺子一样，只是要用两个饺子皮上下平捏严实，有的还做花边，可煮、可烙）往家转，……合子加八，越过越发，合子加九，越过越有……"这样一个内容紧张忙碌而丰富多彩的春节风俗。

　　娘娘宫腊月庙会就是在这样一个热闹气氛中应运而生。从腊月十五开始，各种年货商贩聚集到天后宫内外，形成一个声势浩大的年货交易市场。宫南宫北一带年节需要的杂货和庙内前院的儿童玩具，吸引了大量的游人。这种情形至今未改。

　　早年间，天后宫内就有许多由配殿改成的商业店铺，卖剪纸窗花、吊钱儿、金货（即纯金首饰等）以及金鱼等都是非常有名的。清乾隆初年诗人汪沆曾作诗描绘当时人们来天后宫买金鱼的情景：

> 元日晴光画不如，灵慈宫外斗香车。
> 玻璃瓶脆高擎过，争买朱砂一寸鱼。

而且依天后宫而发展起来的宫南宫北大街也从腊月十五开始，摊点鳞次栉比，一个挨一个，卖什么的都有，有空竹（俗称"蒙葫芦"、"翁葫芦"、"闷葫芦"等）、绒绢花、鞭炮、剪纸、吊钱儿、肥猪拱门、各种神码儿、香烛、干鲜货……万商云集，百货罗陈。每个摊点都在店铺门前空隙的墙上贴有"年年在此"的红纸签，一个目的是表示这地方是他早先占上的点儿，别人就不要再在这卖了。据说由此也常引发一些纠纷。另一个目的是让买主放心，他年年都在这儿卖东西，不会使人上当。就此，民间还有说只有专卖对子（对联）的小贩才贴"年年在此"的红签。估计这是民国时期的情形了。各个摊点儿、店铺一般都要卖到腊月三十才收摊儿。如今，天后宫内虽然没了以前那么多店铺，但在每年都仍按老传统设一些临时性摊点儿销售这些东西，并且与在宫外的古文化街（原宫南宫北大街）上的各个店铺、摊点儿形成天津最大的年货市场。在此期间的行会表演由于商业性的冲击而显得不那么重要了，只是隔三岔五在天后宫内进行表演，参与表演的也只有几道老会或圣会。

除了我们上述所说的几个大庙会外，天津还有许多中小型庙会，如三太爷庙会、福寿宫庙会、花神庙庙会、窑洼大悲院庙会等等。此外，天津人成群结队地去外埠参加的庙会有两个最为典型，一是参加北京近郊的妙峰山庙会，一是参加河北的景忠山庙会。

妙峰山庙会

妙峰山庙供奉的主神是碧霞元君，另供有王三奶奶等民间神。因庙在山顶，故被称为"金顶妙峰山"，来此进香称作"朝顶"。每年农历四月初一至十五举办庙会。届时，"道上行人如蚁，车如流水马如龙"①。

　　参加妙峰山庙会，源于天津人对民间神王三奶奶的崇拜。王三奶奶，是天津民间信仰中富有传奇色彩的人物。有的说她本是京东人氏，19 岁嫁给一个排行老三的王姓农民。王三奶奶本性慈善，能为人"了（音 liǎo）灾治病"、"引以康乐"，大家都称她为活神仙。在她 78 岁那年，骑着毛驴到妙峰山进香，一不小心跌入山涧摔死了，朝山的善男信女都说她是"成仙升飞"，故对其加以供奉。还有说王三奶奶是天津人，为一大户人家的老妈子（即佣人），懂得为人治病和一些巫术。而传说最多的是说王三奶奶来自北京妙峰山，有一年骑着毛驴来津，进天后宫后就成了神，再没出来。早年间天后宫中供奉的王三奶奶像为木制，胳膊和手都是能活动的。其身穿蓝色粗布衣，手执药丸，脚似三寸金莲，身旁有一头毛驴和手持鞭子的男童。之所以将王三奶奶的手弄成能活动的，是为了让香客抚摸方便。因为民间曾有这样的说法："摸摸王三奶奶的手，百病全没有"，"摸摸王三奶奶的脚，百病全都消"等等。人们还传说王三奶奶可以骑毛驴由童子引路去为

---

　　①《津门杂记》卷中 35 页。

人治病。

民国时期，天津民间对王三奶奶的崇拜最盛行。祭祀活动除到天后宫朝拜进香、举行行会表演外，主要是成群结队去北京妙峰山参加庙会，朝拜山上的王三奶奶。妙峰山庙会还特意为天津香客开辟了一条专用道路，沿途都是天津一些商号设置的茶棚和销售点。这些商家对来自家乡的香客均格外尊重，格外照顾，备有茶点免费提供给香客。

前去妙峰山进香的香客，都要提前做好准备工作。首先是买香牌子。香牌子是一个木制的小牌，按固定的格式书有"金顶妙峰山王三奶奶之灵位"几个字，边上有"香客"二字，下面空着的地方是临时再填上的，谁去填谁的名字。旧时，天津大一点的杂货铺和热闹地区的小杂货铺内都有卖这种香牌子的。香牌子可以自己亲自带到妙峰山，也可以委托别人带，有时从街坊邻居或亲朋好友间选几个代表去，而那些不去之人的香牌子就得提前写好，委托他人送到妙峰山。香牌子常被挂在大襟上的绊子上，倘若要替多人带，也得挂在上面，布满前胸。上山后，香牌子就留在王三奶奶的神像前，以证明自己的虔诚。

去妙峰山庙会还有一个任务就是"灿茶叶"。当时天津的老字号茶叶店——正兴德茶庄的茶叶远近闻名，天津、北京及附近几省的香客都要买些茶叶带回家，或自己享用，或作为礼物送亲友。所谓灿茶叶就是将买来的茶叶放到王三奶奶像前供上一会儿，再拿回家。人们认为这样做茶叶便有了灵气儿，能治百病。还有一种方法是把茶叶包打开，放在王三奶奶神像前，香客点上香，磕头叩拜，然后把点燃的香倾斜在茶叶包上反复转动，燃尽的香灰便纷纷落在茶叶上，掺了香灰的茶叶便也被认为具有神力，能治百病。因此，每年一度的妙峰山庙会为天津的茶庄商人提供了发财的大好时机，一个庙会的收入往往可以抵得上其一年的茶叶销售额。

当人们朝拜完王三奶奶之后，还要买些在庙会中出售的麦秸编的鱼、马、福贴或一串聚福元宝。有的人还将买来的马、鱼等对称地插在草帽边沿。这种做法与前面介绍的蜂窝庙会一样，都视为"带福还家"。妙峰山庙会是天津人最重视的一个外埠庙会，因此，参加的人数很多。

景忠山庙会

相比而言，参加河北景忠山庙会的人员则范围略小，通常以塘沽、汉沽、宁河等地的渔民、盐民和农民为主。然而，它的历史则比较久远，传说在明代嘉靖初年就有此习俗。尽管当时交通不便，路途遥远，但一直到 20 世纪 50 年代初四百余年的时间里从未间断过。

参加景忠山庙会的天津人都是以居住地区为单位组成一个个会，每拨会少者五六十人，多者二百人上下。每拨会推举会头一人，分会头四至八人，分会头也可以由会头委派，会头也有轮流当的。会头负责全部会务，分会头则各自分管一摊。如有管探路、联系住处的，有管费用开支的，有管器具的，有管会规的等。每年两次朝圣，一次在农历四月十八，一次是在农历十月十五，每次会期实际要持续近一个月的时间，因此须要提前十天动身。由于这个庙会会期太长，加之路途之疲，更值四月为生产大忙季节，因此，去的人数逐年减少。后来，人们只在农历十月参加这个庙会了。

参加景忠山庙会有很多讲究，出发前三天凡去之人均得沐浴。出发当天的九点钟要做一次隆重的拜庙仪式，也就是到自己地区内的娘娘庙（供奉的娘娘为"碧霞元君"）朝拜。举行仪式前，庙门要全部打开，锣鼓齐鸣，朝圣的人都要进到庙中。这时会头便点起香火，善男信女们一齐跪下。会头从背上取下碧霞元君的画像（民间俗称"神驾"，高约四尺，宽约二尺半，平时放在会头家）放到香案前，用祭品压住顶端，使神像面朝众人。也有的要将神像拴在一个特别的架子上。一切处理稳妥后，会头高声念"阿弥陀佛"。随之，跪在地上的善男信女亦要附和着高声念"阿弥陀佛"。念毕，再磕四个头，拜庙仪式才算结束。这之后，还要进行"摆会"，即到会头家里吃饭。会头预备的是高粱米干饭、粉条、豆腐、肉片白菜等饭菜。会头的个人开销很大，因此，有的会是会头轮流执掌。摆会后，还要"绕街"，沿自己地区的主要街道绕一圈，之后才可上路。

朝圣会的行进顺序也很严格，不得擅自逾越。通常是大锣开道，旗牌伞扇、斧钺钩叉随之，娘娘凤辇居中。辇有八人抬、十六人抬之分，辇内是碧霞元君的画像，有的会若没有辇，则要将画像卷成画轴由会头背着走在中间。辇后是鼓、钹。鼓的直径约二尺，由四人抬着二人敲。钹是用来为鼓配音的大镲，声响如雷。鼓、钹之后是前去参加庙会的朝圣之人，再后就是各类行会表演，天津最著名的汉沽飞镲会就是景忠山庙会中不可缺少的一道会。

参加景忠山庙会的人员也很特别，他们可以分为两种，一种是烧苦香的，一种是随会的。烧苦香的都是男人，他们光着膀子，裤腿儿卷起至膝，光脚，头上顶着画有碧霞元君画像的神码儿，以此表示对娘娘的崇敬。再从脖子后绕一细绳用嘴咬住，以示戴着马嚼子，光着的膀子上背着一个马鞍，显示自己是地地道道的驴马。这些做法都是表示自己的虔诚，愿意做娘娘面前的牲畜，听从娘娘使唤。烧苦香者须在上山朝拜后才可穿上衣服、鞋袜。若是海下渔民还要献上自己手工制作的小木船儿。朝圣完毕还要做两件事，一是"眺涧"，就是到悬崖边往下看山涧底，传说凡做了亏心事的人看了那涧，就要晕倒栽下涧去。另一件事就是"抓谷"，在侧殿内有一供桌，桌上放有一碗谷子，人们下山前必须抓一下，再放回碗内，不许带下山来，否则要受惩罚。据说那是神谷，一粒顶一千斤，抓了谷子就会五谷丰登，不种地的人也会财源茂盛。人们下山回家时，还要买些山货，如核桃、栗子、花生、柿饼子等。还有的买些日常生活用品，如擀面棍儿、棒槌、笼筐等。海下人则喜欢买些小松树，以便摆在家里看青儿。

综观上述各会的情况，可以明显地看出天津的庙会是在民间宗教信仰的感召下形成，同时又在既娱神又娱人的丰富灿烂的表演行会中发展，更重要的是与商业活动日益融合后壮大起来的，这一点在后来形成的皇会中表现得尤为突出。

当时官方为皇会举办期间的商贸交易提供了一系列优惠政策，各种货物一律免收厘税，特别是在此期间各地来津货物无论水陆运输，只要在车船上插一杆写着"天后宫进香"字样的黄旗，一律免税入津。以致各地商贩云集，虽远自数百里，无不赶趁斯会。车船兼进，商品山积，贸易集一时之盛……致使所有可以泊船之处，几乎无隙可寻。各地乡民因免税降低了成本，把产品竞相运销至天津，亦有大批外地需求者趁皇会之际争来天津购买。这方圆几百里乃至千里之外的南方各省商民的纷至沓来，使天津的饮食、旅店、娱乐、香火业和各商号的买卖十分兴隆。"一般商店，金银首饰，绸缎布匹，洋广杂货，鱼肉海味，以至其他一切用品，莫不利市三倍"①，进一步刺激了天津城市经济的飞速发展。以民国二十五年（1936年）皇会为例，当时正值"七七事变"前夕，时局不稳，百业萧条。尽管如此，因会前对来津货物实行"30元以下的一律免税，外地来津参加皇会者火车票一律减半"的政策，因而各地来津的商人及运载的货物仍然不少，并成交了不少买卖，给天津凋敝已极的市面带来了一时的繁荣。

---

① 《天津皇会考纪》16页。

同时，也使地方百姓、商界及执政当局在经济方面获得了实惠和收益。

在这样一种基础和条件下，加上天津卫所特有的具有悠久历史传统的民风民情，怎么能不出现像皇会这样惊动数省几十万人，令津门百姓倾城投入的"狂欢节"呢？

（二）由康熙、乾隆游天津说起

皇会的形成，其实还与清代的几个皇帝有很大关系。元代以来，天津逐渐成为闻名的畿南重镇和商品集散中心，在中国的经济、文化和军事上占有极为重要的位置，备受历代皇帝的青睐，他们曾亲临天津，留下了许多御题墨迹和民间传说。其中以清代康熙、乾隆两位皇帝最为引人注目。

清康熙皇帝是中国封建社会中在位时间最长的一位皇帝，他八岁登基，69岁"驾崩"，在位61年。康熙皇帝相对于其他非汉族统治者而言，思想开明，酷爱汉文化，书法、绘画、音乐、文学无所不通。他还可以用易经六十四卦辩证施治，预测未来。他在平定三藩、抗击沙俄、治理淮黄、澄清吏治等亲政实践中，用汉文写下了许多雄浑清新的诗篇。他在位的61年中曾来过天津十多次。康熙二十年（1681年）十月十二日，康熙皇帝坐御舟到北京南苑去游览，北运河两岸的秋景使他乐而忘返，便乘兴顺流直下，一直驶到天津三岔河口处。康熙皇帝看到三岔河口处热闹、繁忙的景象惊诧不已，于是便命人笔墨侍候，随即提笔赋诗《天津》一首：

> 转粟排千舰，分流纳九河。
> 潮声连海壮，树色入京多。
> 鼓楫鱼龙伏，停帆鹳鹤过。
> 津门秋望远，明月涌金波。

这首气势磅礴、情景交融的诗篇，生动地描绘了大运河南粮北运的繁忙景象，至今仍被认为是康熙皇帝千余首诗篇中的上乘之作①。从此，康熙帝便十分偏爱天津的景致，常乘驾龙舟沿河而至天津。

除了欣赏海河两岸的风光外，康熙帝还十分钟爱天津的盘山。史书中曾记载康熙皇帝一生九去盘山，并与盘谷寺和尚智朴交往甚密，为民间留下了许多传说故事。康熙皇帝指点智朴和尚编写《盘山志》和将九华峰易名莲花峰的故事最为脍炙人口。

---

① 这段历史在《清史稿·圣祖本纪》中有详细记载。

智朴和尚本是江苏徐州人，自幼聪颖，通晓许多知识，可达到无师自通。在他15岁时，忽然感觉到世态炎凉，人情纸薄，同时，从古书上看到历史上那么多名人志士坎坷人生，愈觉人心不古，红尘难留。在这种心态下毅然剃发为僧，闭门探求佛家经典中的深奥禅理，并逐渐洞悉其中的真谛。康熙十年（1671年）时，智朴动了"效仿司马迁游历名山大川"的念头，于是遍游江南水乡，之后又从江右云游至天津盘山。当时，正是金秋季节，盘山更显得山清水秀，霜色幽远，大有世外桃源之景。于是他在盘山青沟这个地方割草成把，伐木为梁，自己盖起了一座寺庙，起名"青沟寺"，自称"青沟和尚"，遂在此定居下来。

据说有一年康熙皇帝游玩至盘山，到了青沟这个地方，他看到青沟寺的建筑如此特别，就进去和智朴和尚攀谈起来，并招其酬唱。从与智朴和尚的交谈中，康熙皇帝了解了许多盘山的历史掌故，康熙帝是个爱才重史之人，他便指点智朴和尚应该写书记下这些，以传后世。康熙起驾时还特意御笔赐书，将青沟寺改名为盘谷寺。智朴在康熙皇帝的指点下，

"逖稽史传，广搜释典，山经海录，靡不渔猎"①。同时，他又遍访"丰碑断碣、名泉怪石"②，经过九个寒暑，终于完成了《盘山志》这部山志，智朴也因此为盘山招徕了许多天下名士，结交了不少挚友。

有一次智朴陪康熙皇帝登上中盘山巅，康熙指着东面突起的一座山峰问其山名，智朴告诉康熙皇帝，这是当年传说的九华山的僧人居住过的地方，故得"九华峰"之名，人们又因其形状像被削去一半的玉，故也称"削玉峰"。康熙听后，仔细地看了又看，说此名不符，分明像是观音菩萨的莲花座，随即吟诗：

> 中盘遥望莲花峰，日映山林气色重。
>
> 老衲吟诗浑半偈，翠奥临发又从容。

从此九华峰便被易名莲花峰。

还有一年，康熙皇帝又来到蓟州城，准备次日登盘山览胜。夜间梦见他随圣母游历天宇的情景，清晨醒来后，即提笔赋诗，这就是著名的《驻跸蓟州城南远眺山村诗》：

> 万骑骖驔拥蓟城，风行雷出远天清。

----

① 《津门谈古》212 页。
② 《津门谈古》212 页。

　　微霜细草野狐惧，寒露荒烟山鸟鸣。

　　卷幔浮凉侵帐殿，倚床明月似都京。

　　欣随圣母游情旷，深夜还思勉悚诚。

　　再说乾隆皇帝吧，他也是中国历史上功绩显赫的皇帝之一。抛开政绩不谈，论玩儿心最大的也是这位 25 岁才登基的清朝第四位皇帝。他一生游历了中国的名山秀水，留下了许多佳赋和逸闻趣事。就说天津这个地方吧，传说在乾隆皇帝在位的 60 年中，总共来过几十次。

　　有一年夏天，乾隆接到天津道陈辉祖、知府金文淳的会衔奏折，说天津盐商张、查两家在天津城南柳林地方为皇上建造了一座行宫，"恭请圣上游幸"。乾隆览奏，龙心大悦，于是择大吉之日由大臣刘墉陪同乘龙舟来到天津。这时正值农历五月初五端午节（天津俗称"五月节"），皇上看到三岔河口处的天后宫被绿荫掩映，香烟袅袅，钟磬声声，遂大发诗兴，张口吟道：

　　沽水曲曲树重重，普天雨露沐皇风。

　　宫观楼阁人不见，但闻天声满舟中。

　　乾隆帝吟诗中，龙舟已向前驶过了马家口（今广场桥前），快到现在天津站这个地方了，这里的景色更是别有一番情调，只见河中波光粼粼，溢彩流金，河道弯弯曲曲，向远处望去仿佛天水一色。乾隆不禁脱口而出："此河酷似游龙也！"再看岸边蜿蜒数里的盐坨如珠砌玉雕一般，壮观极了。皇帝向人们问道："这是什么地方？"大臣刘墉示意天津道台和知府二人回禀皇上，可这二人实在难以回答，因为这地方根本没有什么名称，两人连吓带急，大汗淋漓，张口结舌。乾隆皇帝看到半天没人应声，心中大不高兴。这时，刘墉灵机一动，想起皇上说的河似游龙的话，便妙语双关对皇上说："足下乃'老龙头'也。"乾隆太了解自己的部下了，他明知这是聪明的刘墉为让他高兴而凭空想出的名字，便成全了他，说："好一个'老龙头'！"道、府两位大人看到皇上允诺了这个地名，便高兴地跪下叩首，齐呼"谢主御封'老龙头'"。也就是从这时候起，这一带被称作老龙头了，乃至后来修建铁路车站时还把车站也称作老龙头车站。

乾隆皇帝在天津留下的传说故事非常之多，如乾隆、刘墉戏名杨柳青，乾隆敕建皇姑庵等。

乾隆、刘墉戏名杨柳青，说的是他们二人将柳口镇改名杨柳青的故事。阳春三月，皇帝又乘龙舟到天津游玩。当行到天津城西北运河口柳口镇时，看到一个农家姑娘正提着篮子来河边洗衣服。这女子年纪在十七八岁左右，生得极为标致，虽穿着俭朴，也不施脂粉，却姿态可掬，充满着青春的气息，犹如含苞欲放的牡丹花。乾隆皇帝看腻了三宫六院的粉黛佳人，很快被这平民女子天然的美丽吸引，他眼睛直勾勾地看着姑娘，直到船已驶出好远，仍歪着脖子往后看。大臣刘墉见此，知道皇上恋着这女子，便想戏弄一下乾隆。他笑着对乾隆说："万岁，如今这世上什么力量最大？"乾隆从天到地，几乎把世间万物都数落了一遍也没得到刘墉的认可。乾隆有点恼怒，他质问刘墉："那你说是什么呢？"刘墉乃微笑着说："女人啊！"乾隆知道刘墉看出了自己的念头，便不再多言语了。龙舟行进了几里路，可皇上仍沉默不语，仿佛还没摆脱刚才那农家女子。全船人都不敢吭气儿，还是刘墉打破了沉闷的气氛，他说："圣上，您看岸边的那些参天杨树，袅娜的柳条多么青翠，这地方多漂亮呀。"乾隆这才打起精神儿，问："刘爱卿，这是什么地方？"刘墉根本不知道这地方叫什么名字，便信口说了几句绕口令："杨柳青，青杨柳，青青柳柳，柳柳青青，青柳柳青，都在杨柳青。"乾隆知道刘墉指的是什么，便会心地说："正是，杨柳——青"。从此，这个地方就叫开了杨柳青的名字。

　　其实，杨柳青地方早有其名。在明代就有了年画作坊，生产著名的杨柳青年画，延至清代中后期进入鼎盛，成为中国北方最负盛名的年画产地。

　　还有一年，乾隆又来到天津水西庄小住。几日后，便想一个人出去逛一逛，顺便再做个微服私访。乾隆顺着河边走了一程又一程，当来到永丰屯（今红桥区南头窑一带）时，便觉口渴腹饥，腿脚亦有些疲乏，便就近敲开了一户人家的大门。这家只有父女二人相依为命，当听了乾隆的来意后，很热情地接待了他。父亲吩咐十七八岁的女儿给客人做饭，自己便与乾隆闲聊起来。谈话间，乾隆知道了这家人生活还是比较清贫的，心里有些不安。这时，女儿已做熟了饭菜，端上来一盘家熬鲫鱼，一盘带黄嘎的棒子面（玉米面）饽饽和一大碗山芋（红薯）粥。乾隆在宫中净吃一些山珍海味，哪吃过这样的"粗茶淡饭"呢。可正是因为没吃过，加之他早已饥肠辘辘，反觉这顿饭菜异常可口，他一下子把端上来的东西全吃光了。乾隆撂下碗筷才想起该拿什么东西补偿人家呢？自己走得匆忙，口袋里分文没有，想了想后，乾隆脱下了身穿的马褂交给父女俩，并告诉他们今后如果遇到什么困难可带着这个马褂直接去北京找他，哪家房屋最多最大、台阶最长最高的就是他的家。当时，这父女俩并没在意乾隆的这番话，只当是这个陌生人的一句玩笑而已。

过了数年，这家的父亲不幸病故，只留下女儿一个人孤零零地生活，平时靠为别人家做针线活和洗衣服糊口，生活十分艰难。这时，姑娘想到几年前一位过客的话，心想，何不去试试呢。于是，便大着胆子来到了北京。偌大的京城，到哪里去找一个无名无姓又无地址的人呢？姑娘照着乾隆留下的话向人们打听，人们告诉她只有皇上的皇宫像是她要找的地方，可人们一看她那衣衫褴褛的样子都说绝不可能是那里。姑娘虽感觉没什么希望了，但心里还是不甘心，犹豫再三后还是决定冒险去闯一闯。

姑娘来到皇宫门外，向侍卫说清了原委，恳请他们帮助问一问。当宫中的太监看到姑娘手中的马褂后，感觉的确像是皇上的东西，于是就一级一级地通报给皇上。乾隆闻讯后，马上传旨叫姑娘进宫，并赐给姑娘许多金银、衣物，还吩咐帮姑娘寻个好人家。姑娘十分感激，她表示了自己终身不嫁，皈依佛门以谢皇恩的意愿。乾隆听后，思索了一会儿，还是答应了姑娘的请求，他派人护送姑娘回津，在姑娘家住的地方盖起一个小庙，赐名"皇姑庵"。从此，姑娘便在这里诵经礼佛，颐养终身。这个传说其实具有一定的历史真实性，因为至今南头窑一带还留有"皇姑庵"的地名。

我们从天津诸多美丽的传说故事和史籍记载中，都可以感觉到，天津在当时除了作为重要交通枢纽和商品集散中心的繁华都市意义外，她实在还是一个深受皇帝偏爱的游乐胜地。

皇帝来天津，虽然可以随处游玩，但绝不可以随便住宿。他们必须住在自己的行宫中。为此，天津曾建有两座皇家园林以预备随时迎接"圣驾"。这两座皇家园林一个叫柳墅，一个叫望海楼。

柳墅建于清朝乾隆三十一年（1765 年），因其建筑四周种植了许多柳树而被乾隆皇帝御题为"柳墅行宫"。柳墅行宫东临海河，方圆约 240 丈，有房屋 500 余间，宫内设偕乐堂、播醇堂、海棠厅、校签室及大小戏台等，《天津县新志》中曾将其描述为"宫殿朝廊、亭台楼阁，以及溪桥树石，鹤鹿禽鱼之属，靡不具备"。对此，当时津门诗人崔旭曾在《行宫》一诗中写道：

往日銮舆曾此临，津东胜地柳成林。
宫门深闭花千树，应抱春风望幸心。

传说乾隆皇帝曾在柳墅行宫住过八次。他曾在这里召见各方大臣，处理种种公务，并接见赐宴了天津当时的许多大盐商（这里就是前面所说的由盐商们捐资建造的行宫）。此外，乾隆皇帝还在宫内写下了 80 余首诗赋，并留下大量的翰墨。

乾隆去世后，这座行宫就渐趋式微。清嘉庆六年（1801年）天津发大水，淹没了行宫，许多房屋坍塌。后来朝廷曾几次指示"宜时加察看"，但终究未能恢复旧时面貌。道光二十六年（1846 年）时"奉裁变估"①，柳墅行宫终于结束了它的历史使命。

望海楼（不是今天尚存的望海楼教堂）最早是康熙时建造的。当时康熙皇帝游历天津时，为了能居高远眺河水入海，故在旧三岔河口北岸修建了一座楼，登楼远眺，烟水渺茫，似可望海，故名"望海楼"。与此同时，康熙皇帝又命在望海楼以西建造了一座行宫，赐名"香林院"，派了几个太监和一些妃子常年住在这里，随时候驾。

清乾隆三十八年（1773 年），乾隆皇帝与大臣刘墉等来天

① 《津门谈古》230～231 页。

津时，看到望海楼的建筑别具特色，就下令进行了大规模的重修重建。乾隆皇帝亲自御题为"海河楼"，因此，望海楼又名"海河楼"，也可简称"河楼"。由于香林院是康熙帝的行宫，乾隆自然不敢欺祖，故把望海楼改作自己的行宫，以后又作为皇帝来津到各庙进香时进茶膳之所。重新修建的望海楼除与香林院相邻外，再往西还与望海寺相伴。大约有房屋152间，亭池台榭略备，层楼峻矗，俯瞰波流，尤据形势之胜。津门名士查礼曾作《望海寺》一诗，生动地描绘了亭台楼阁及周围茫茫烟雾的气氛，使人犹入蓬莱仙境：

> 殿角曈胧寒日明，凭高迢递见蓬瀛。
>
> 河分九派门前合，潮送三山槛外迎。
>
> 烟霭有时浮刹影，霜天无际彻钟声。
>
> 四瞻宸翰光华著，长使波涛昼夜平。

传说乾隆五十三年（1788年）时，乾隆皇帝又一次来到他的天津行宫望海楼，同时也去了相邻的香林院。在那里，他看到他爷爷时代剩下的几个年近古稀的老妃子和老宫女，一生都没有嫁人，整天在院中吃斋念佛，并从她们口中得知早先年纪稍大的妃子和宫女都老死了。因为她们当初入宫时还是年幼的孩子，故能活到乾隆时代。乾隆皇帝知道了这些以后动了恻隐之心，马上让人预备纸墨笔砚，御笔题名"崇禧观"，从此以后，香林院便改称"崇禧观"了。据说这个崇禧观正经兴旺了一段时间，但当那些康熙时代的老妃子和老宫女们都死后，便再也没有人光顾这座皇敕尼姑庵了。后因年代久远和无人修管，便荒圮无存了。

乾隆皇帝来天津时，还常去一座私人园林——水西庄。

水西庄是大盐商查日乾于清雍正年间建造的一座私人别墅，占地百余亩，亭台楼阁、花木竹石应有尽有，是天津私人古园林中建造艺术水平最高的一座，曾被人誉为"北方园林之冠"。水西庄位于天津城西三里有余。园中有揽翠轩、枕溪廊、数帆台、藕香榭、花影庵、碧海浮螺亭、泊月舫、绣野簃、一犁春雨等胜景，《天津县志》曾有这样的记载：

> 查君天行，……乐津门之雄且沃，逐卜居者有年。暇日留连水次，有会于心，乃选材伐石，辟地而构园焉。既成，亭台映发，池沼萦抱，竹木荫芘于檐阿，花卉纷披于阶砌，其高可以眺，其卑可以憩，津门之胜，于是乎可揽于几席矣。遂名其园曰水西庄。

由此可见水西庄的风景之美，建筑造型之精。

后来，水西庄又成为查氏子弟们读书学习之所。由于他们广交天津及其他省市的文人学士，一时间又使这里成为文士集会的场所。如浙江的朱彝尊、姜英宸、汪沆、吴延华以及江苏的朱岷等著名人物长期寓居水西庄。他们在水西庄吟诗作赋，为后世留下不少著名的诗句。如文渊阁大学士陈元龙《查翁天行新筑一园曰水西庄辱招游赏》一诗云：

众流归海下津门，揽胜名区萃一园。

林木千章藏曲折，烟波万顷变黄昏。

写出了水西庄所特有的天然景致。

又过了几年，查日乾的儿子查莲坡为他的兄弟们在水西庄附近开辟了几十亩的园子，修建了屋南小筑、午晴楼、花香石等景观，并给这个园子取了个具有实际意义的名字——介园。

说起"介园"这个名字的意义，实在是不一般。它一则是取意坐落在水西庄介壁的园林；另一则是取一介之士，终身不仕之意；最重要的一则是取查莲坡在康熙五十年（1711年）考中解元之事。解元是乡试举人第一名的美称，当查莲坡考中解元之后，有人向朝廷控告其父子在考试中舞弊，雇人传递文章。为此，其父子双双受到大清法律的制裁，被判处死刑。因查家是大盐商，在当时是非常显赫的大家族，于是朝廷允许查家拿出二万两白银为父子赎罪（后世有传说柳墅行宫便是查家为免死罪而行贿于朝廷的贡品）。其父被改判入狱四年，查莲坡则被改判入狱八年。这就是曾轰动一时的"天津辛卯考案"。后来，此案又被翻了过来，朝廷为其父子恢复了名誉，恩赐"举人"，但查家仍为此心中不平，故以"介园"之名表达自己内心愤懑。

介园建成以后，因其建造艺术之高超不亚于水西庄，故宾客云至，闻名远近。话说乾隆皇帝频繁来往于天津，很快就知道了城西有一私家园林如何如何美妙独特的消息。乾隆皇帝心里很不痛快，他想难道一个商人的私家园林能比我一国之君的皇家园林还要好吗？于是，乾隆皇帝决意要去看一看。

乾隆十五年（1750年），乾隆皇帝趁下江南之际，借游玩之名乘船来到水西庄，并声称自己是慕名而来。乾隆皇帝在园中各处尽情游览。心想，这园子果然名不虚传，里面的景物不仅超过了江南名园，而且直追我皇家园林。乾隆皇帝是个极其聪明的人，当他看到"介园"二字时，马上就明白了这是查家对辛卯科场一事的不满。于是，乾隆帝借题字作诗之机将花园改名为"芥园"，并说是因看到园中遍地盛开紫芥花有感。此外，乾隆还在芥园二字旁题诗，告诫后来理水者，不能在此开减水河。这无疑是在"敲山震虎"。查家亦不是等闲之辈，他们一看皇上明白了他们家的用意，亦知道"芥园"二字是不能翻案的意思，便不敢怠慢，马上让人用上等石料刻了一块碑在园中立起来。一来这是乾隆爷的御笔，借助它能光耀门庭；二来这又是圣旨，怎能不立个碑呢。同时，查家举家还要表示"谢主隆恩"。

自从乾隆皇帝住进水西庄后，水西庄的名气也随之更大了。早些时候，查家人以此为荣耀，皇帝走后仍然自家居住。后来，乾隆皇帝每次来天津，别的行宫都不去了，竟在水西庄住过五六次，无形中这水西庄便成为皇帝的行宫了，那谁还敢再住呢。于是，查家忍痛割爱搬出了水西庄。直到查莲坡兄弟相继去世后，皇帝不再光顾，其后代才又在水西庄露面，水西庄又成为文人墨客聚集的地方。如著名诗人梅成栋、崔旭、高继珩等人还在此成立了梅花诗社，为后世留下不少名诗佳句。

水西庄这座曾闻名遐迩的中国古典园林建筑，在经历了一百年的风雨后才逐渐走向衰败。大约在清同治年间，查家这个以盐业发家的大家族逐渐破落，加之水西庄地处大运河沿岸，天津历史上的几次大水灾都给水西庄带来不小损害，不少建筑坍塌。又过了几年，人们为防治水患，在这里建了一座河神庙镇河，又造成了水西庄的部分建筑被毁。河神庙的僧侣们又在水西庄开辟大片土地种植粮食和蔬菜，更加剧了水西庄的败落。清光绪二十六年（1900年）八国联军入侵天津，水西庄又遭到外国侵略者的洗劫，这座昔日辉煌的园林被夷为一片荒芜，只剩下一些冲不烂、刮不歪的假山石在向后人诉说着当年的风采。据说民国初年大军阀曹锟在天津、河北一带修建曹家花园时，曾从水西庄搬走了不少尚存的假山石。

康熙、乾隆两位皇帝如此频繁地驾临天津，早就惊动了由盐商、钱商、粮商等富商大户们支持并操办的天津各色老会、圣会。皇帝每次出巡，一来一去，地方上必定要举行接驾、送驾的隆重仪式。于是乎，那些平时自娱自乐或为庙会、香会各呈演技的老会、圣会又摇身一变，成了迎驾和送驾的极富特色的仪仗队。

过去，消息传递缓慢，而皇帝又往往是随心所欲，想几时走就几时走，民间很难推定皇帝驾到的时间。所以，为了不误事，人们便经常进行演练，并在原来歌舞表演的基础上又增加了迎送皇帝的内容。《新校天津卫志》载：

> 前代圣祖高宗南巡，曾驻跸天津。天津乡人演作戏剧，用备临览，或作神仙故事，或作乡俗形象，有以童子数十人各持小铜钵，舞跳之始，伏地排"天下太平"四字，颇近古人舞法。回銮后，再逢驻跸各戏技艺生疏，因于每年天后诞辰赛会之期一演试之，此皇会之名所由来也。

故有人讲，正因为沾上了"皇"字，才会有"皇会"的名称。其实，天津皇会形成的最直接的原因，还是因为先后受到了康熙、乾隆二帝的封赏后才逐渐形成并被称作皇会的。

在天津北门内户部街有一个浙绍乡祠，由浙江籍商人出资建造，为的是接待往来于天津的浙江人食宿方便。在这个乡祠中有四面大鼓，鼓面直径约 1.5 米，守祠人每到春节来临，便将鼓挎在身上，敲鼓作乐，称之"腊鼓"。演奏时没有其他乐器相配，故随意性强，不受曲乐名目的限制。由于当时天津地方还没有这样一个表演老会，故每逢皇帝驾到，守祠人都要被派去击鼓迎驾。有一年康熙皇帝南巡，路过天津，便又借机小住游玩。乡祠的浙江人都被派出去迎接皇上，并进行了娴熟、优美、动听的击鼓表演。康熙帝观后十分高兴，便赐给四位击鼓者每人一件黄马褂。

　　到了乾隆时，更是频繁地来往于天津。有一年乾隆皇帝南巡路过天津，浙绍乡祠的鼓又被派出去迎接圣驾。当乾隆皇帝看到鼓手们身穿黄马褂这一特别装束，便知道了这会是受到过先皇御赐的，于是亦十分高兴地赏赐给击鼓手黄衣、黄绊。之后，乾隆又觉得这乡祠的鼓应有个好名字，它现在只称"腊鼓"有些不妥，因其只能用于迎年，不足接驾，遂御赐"挎鼓"之名（津地书籍有将"挎"写作"跨"或"胯"）。由于受过两朝皇封，挎鼓会的名气也越来越大，不仅又增加了四面大鼓，人员结构也发生了变化，由以前仅局限于浙绍乡祠的人逐渐发展为当地居民共同的组织，取会名"乡祠前远音挎鼓老会"，除八人进行击鼓表演外，另配有钹、镲和靴牢（乐器的一种，即在木棍上穿有七八个拨浪鼓）的表演，表演者都选择十多岁的儿童，成为天后娘娘祝寿时不可缺少的一道会。

　　另外，民间还传说有一年农历三月二十三日，乾隆皇帝下江南乘龙舟路过天津，当行驶至三岔河口时，正赶上民间为天后娘娘过生日出会。这些老会、圣会得知皇上驾到，便马上涌到三岔河口边，为龙舟上的乾隆皇帝表演各自拿手节目。当乾隆皇帝看到捷兽会和鹤龄会如此精湛的演技时，龙颜大悦，遂赏给捷兽会演员每人一件黄马褂，赏给鹤龄会每位鹤童每人一个金项圈，赏给扫殿会龙旗两面。

至此，受过康熙、乾隆皇帝封赏的娘娘会就改名为"皇会"了。

当然，在天津民间关于"皇会"之名的由来传说颇多。除上述之外，还有说在清康熙三十一年（1691年），"圣祖幸天津谒天后宫"时，民间作百戏以献神，又藉此以娱帝，故有"皇会"之称。由此可见，无论怎么传，其名称都与康熙和乾隆两位皇帝有关。在当时，倘若沾了"皇"字，那还了得吗？于是，天津皇会的名称也就愈叫愈响，以至各乡县甚至各省之人，震于"皇会"之名，届时纷纷从水陆两路涌来观看，更加扩展了皇会的名声。津门文人曾有诗描述：

三月村庄农事忙，忙中一事更难忘。

携儿结伴舟车载，好向娘娘庙进香。

清代天津著名诗人樊彬亦有《津门小令》：

津门好，

皇会暮春天。

十里笙歌喧报赛，

千家罗绮斗鲜妍，

河泊进香船。

（三）财神爷"八大家"

论起皇会，不能不说天津皇会巨大的经济支柱——天津的"八大家"，这些豪富巨商曾被视为办皇会的财神爷。

所谓"八大家"，实际上是对最初兴起的八家富商大户的称呼并逐渐演变为天津民间对豪门富户的一种特有的统称。

"八大家"的最初称呼源于清朝咸丰初年，当时民间将那些从事漕运及盐务、钱庄等发迹的富商大户编成口诀，如"韩、高、石、刘、穆，黄、杨、益照临"和"高、韩、石、刘、穆，长源、振德、益照临"等，这中间的"长源"、"振德"、"益照临"都是这些大户的堂号。后来，为了便于说明和区别，民间又在这些大户的姓氏前冠以地名或堂号，形成了"天成号韩家"、"益德裕高家"、"杨柳青石家"、"土城刘家"、"正兴德穆家"、"振德黄家"、"长源杨家"、"益照临张家"这种称谓。

"天成号韩家"以养海船起家，他家世居津门，经营海运的时间最长，有200多年的历史，早在清初就已成为拥有数十艘海船的养船大户。韩家的旧宅位于玉皇阁至天后宫之间的东门外沿河马路，因地处天津旧城东面，故有"东韩"之称。韩家海运不只局限于国内沿海各埠，其航线远至日本、朝鲜等地。他们除了从事代客运输外，自家也贩运货物，并兼营保险、粮行、银号、当铺等业，获利丰厚。由于财力雄厚，且从事海上运输，因而韩家对天后娘娘极为信奉，出钱办皇会是极其大方的。不仅如此，韩家喜好炫富摆阔，日常生活模仿宫廷贵族，仆从如云，排场浩繁，车马饮宴之华丽丰盛，为天津豪门之冠。据说天津民间"出大殡"的风气，就是由韩家兴起的。

"益德裕高家"在乾隆年间从事盐务而发迹，益德裕是其盐引号，盐销引岸在河北省宁晋和晋县（今为晋州市）两地。高家旧宅在东门外南斜街北口。其先辈曾充任芦纲公所纲总，由于其先辈中有戴深度近视眼镜者，因此，民间为其起绰号为"高眼镜"，其家族也被称为"高眼镜子家"。高家经营盐务的时间较长，因此，财富颇丰，一度曾为天津盐商中之首富。高家为博得"散财"、"乐善好施"的好名声，经常以赏物的方式接济贫困之人，并以购买活物再将其放生为乐。皇会中由盐务纲总承办的八道抬阁老会，其中就有高家出资赞助的。

"杨柳青石家"是靠贩粮发家的，因家宅地处天津城西杨柳青镇，故得"杨柳青石家"的称呼。这石家的先辈在明朝时只不过是漕运船工，后在明初燕王扫北时，随移民至天津杨柳青定居。到石万程这一代时开始以贩运粮食为业，获利后就开始广置田产，成为拥有 420 余顷土地的大地主，人称"石万顷"。石家七世单传，当传至"宝"字辈时，改了门风，有四子，这时石家的财势已相当大了，于是在道光年间就按四大门分了家，各立堂名。这四大门分别是长门福善堂、次门恩绶堂、三门天锡堂、四门尊美堂。到清咸丰年间，长门福善堂又分了七小门，依次为敦厚堂、聿修堂、燕怀堂、元吉堂、尚纲堂、九思堂、裴元堂。而次门恩绶堂也分了六小门，为承德堂、锡福堂、三德堂、润德堂、裕德堂、怀德堂。在这十三小门下以后又陆续立了厚德堂、伴鹤堂、燕庆堂、正立堂、三镜堂以及万发堂等。这样算起来，整个石家总共有大小堂二十几个①。民间关于石家的传说很多，说他家除靠经营贩卖粮食积累财富外，还有一笔意外的收入。那是在清

---

① 《天津文史资料选辑》第 20 辑第 56、57 页。

嘉庆四年（1799年）时，乾隆的宠臣和珅因罪大恶极被赐死，他的一个小妾买通官府携带许多珍宝银两逃出和珅府。她逃至通州时，正赶上石家的粮船停泊在通州运河岸边，故投奔至石家船上。当时，这小妾并不敢说出自己的真实身份，只谎称自己的主家遭难，自己无处存身，只要石家肯留下她，她愿意为妾。在这女子百般哀求下，石万程才不得已将其带回杨柳青。由于这女子是旗人，故家里人都俗称其为"旗奶奶"或"旗下奶奶"。事实上，石家也确实得到过这位和珅逃妾的金银珠宝，后辈人在石家祖坟边还发现确有一块"旗下坟地"，埋葬的就是这位小女子。

当然，除民间传说的石家发家趣闻外，石家经营的项目也越来越多，除粮行外还开设了万源、志诚、美善成、恰源等几家银号，并在杨柳青、固安、胜芳、永清、唐官屯、信安等处广设当铺。此外，还在天津开设东万胜、西万胜两个著名灰厂和万有酱园及专门运售南方各种杂货的万有姜厂等。同时，还把资金投入棉纱行业，其投资兴建的万庆成棉纱庄与当时的隆聚、隆顺、合春、合泰被称为棉纱行业著名的"五大家"。

石家与天津其他显著的大家族一样，讲究大做寿、大出殡，以此炫耀乡里。传说其四门尊美堂在当时石家四门中财势发展最快，户主石元士在做 70 岁整寿时，规模空前，耗资数额巨大。说他们在生日前的几个月就向外发出征文，并派其几个侄子到北京约请名角名票届时来唱大戏。据说他们请到了孙菊仙、余叔岩、陈德霖、裘桂仙、慈瑞泉等名角名票。同时，还在家里油饰房屋，置办筵席，并搭设戏台迎接演员。此外，还将余下的房屋重新粉饰，为远客准备下榻之处。为了广造声势，他们还特意从天津请来被称作"第一台"的高福安戏班为当地乡亲演戏。当然，石家也非常重视教育，辛亥革命后相继出现了石育符、石育树、石挥等文化名人。

现存的杨柳青镇石家大院，只有尊美堂的建筑保存完好。尊美堂是典型的天津大四合套民居建筑，建于清光绪年间，占地 6080 平方米，坐北朝南，正中设大门，进门后为砖砌影壁，后为穿堂式门厅。其后为箭道，沟通东、西两大院。东院由三套四合院和三合院组成。西院建有戏台、寿堂和佛堂。西院之外还设一小跨院，为厨房及佣人住室。

"土城刘家"是靠经营粮食和油坊起家的。以后又陆续养海船，向关外贩运粮食，同时还在关内关外经营锅铁业、钱庄、当铺等，获利后广置农田，据说在南郊曾占有土地 58 顷之多。因此，在天津人的印象中，刘家是个靠手工业起家的大地主。相对于其他暴富人家，刘家生活较注意节俭，注重读书并鼓励家中子弟追求仕途。因此，刘家曾有不少人在朝廷作过官。天津已故著名画家刘奎龄，就是刘家的后裔。

"正兴德穆家"是回族，以开设正兴德茶庄而闻名于世。但最初穆家只是从事农业，而后弃农经商，作起贩运粮食的生意来。清乾隆年间，穆家从天津北郊穆庄子迁居到西头小伙巷，先后开设米面铺、磨坊、钱铺、染坊、洋货铺、茶庄、绸布庄、银号、油庄、金店、药铺、当铺、酱园等，成为八大家中经商门类最多的家族。但是，其他店铺后来都陆续衰败，只存下正兴德茶庄这一商号。

天津民间对于正兴德穆家的传说颇多。有说在清嘉庆年间，穆家的第二代穆文英去北门外竹竿巷一家汉族人开的茶叶铺买茶叶，见到一个汉族顾客把买猪肉的篮子放在柜台上。他心里十分不舒服，认为有玷教俗，便折身回到家中。他将自己的几个兄弟召集到一块，表示要开一个回民茶叶铺。正在筹划过程中，正好那家茶叶铺由于亏损正准备歇业，于是穆家就用了一千串制钱（每串千文）将其接兑过来，取名正兴号茶庄，到清咸丰七年（1857年）时才改为现在的正兴德茶庄。还有说其创业人本是一流浪儿，因被一茶庄主人收留被认作义子而逐渐发迹……

"振德黄家"是靠盐务发家的，除经营盐务外，还开设绸布店、银号、当铺等，是盐商中财力最雄厚者。黄家祖辈世居天津，旧宅在针市街西头南阁。黄家引岸多，拥有南引（豫岸）的舞阳、偃城、内黄、孟县（今孟州市）、修武、阳武、温县、西华、济源等县；北引（直岸）有威县、广宁、武强、赵州、献县等县，年运销盐量最大，并曾出任芦纲公所纲总。承办抬阁会自然不能少了他家。

"长源杨家"是靠盐务和典当业发迹的大户，"长源"是杨家开始的银楼字号。杨家祖辈最初是银匠，明代从陕西迁居至津，住在宫北大街。因其手艺高超，制作的银首饰精美绝伦而享誉津门。后来，随资金雄厚逐渐开设了首饰银楼、钱庄等商号。清咸丰年间开始经营盐务，取得了邯郸、武安、涉县、磁县等四县的盐引，并承包了官盐运销。从此，财富逐渐增长成为当时著名的大盐商。庚子（1900年）以后，杨家曾充任芦纲公所纲总。杨家在此基础上，又开始经营典当业，曾在全国开设了中祥、中裕、中昌等当铺三十余号，成为显赫一时的典当世家。杨家和天后宫挨得很近，这就更方便了跟着忙活出会的事了。

"益照临张家"，不仅是天津著名的大盐商，而且也是天津八大家中官势最为显赫的，曾受清廷嘉奖，受赏一品封典。益照临是张家的盐引号，创业人名叫张锦文，绰号"海张五"。为什么叫"海张五"呢？这得从张锦文幼年时说起。张锦文家原住天津静海县，家境十分贫寒，为谋生随母亲来到天津。张锦文开始没有什么正式职业，只在一家小饭馆打杂儿，后去了北京投奔其舅父。当时，他的舅父正在刑部一个姓何的侍郎家里担任管事，由于结交的多为官方人士，故为张锦文觅得一份为外放盛京将军海仁（亦有说叫海瑛及海龄的）当管事的差事。张锦文随其到奉天赴任后，凭借自己的聪明才智，赢得海将军的青睐。可好景不长，海仁被御史参劾，押解回京听候查办。张锦文设法逃回北京，请求其舅父帮助。说来也巧，处理这个案子的正好是其舅父的主家何侍郎。张锦文的舅父便托何侍郎关照。后来，在审查过程中，也确实没有发现海仁的罪行实证，故予以平反，官复原职。这一切直到海仁去向何侍郎谢恩辞行前，何侍郎才得知，他非常感动，故将张锦文认作义子，让他与自己的几个子女按岁数顺序排行，因张锦文被排在第五，故民间为其起了"海张五"的绰号。

以后，海张五又到天津大盐商查家做事，熟悉了一些盐务上的事情，并帮助查家收回一笔欠账，查家以一半的酬金使海张五增添了巨额财富。之后，海张五离开了查家，自己经办起盐务来了。清道光二十年（1840年）左右，海张五接办了河南安阳、林县、汤阴、淇县四个地方的盐引，而后又租商他人两个县的引岸。买卖越做越大，财富越聚越多，一跃成为津门名流，充任了长芦盐务纲总。其建造的宅院为天津旧城内最为讲究的大四合套之一，位于北门东龙亭街东头，约有近十亩地。

天津民间对于海张五的传说很多，因其善于投机取巧，如既帮助抗击英法联军出钱修炮台，又帮助英法侵略者主持支应局，故民间褒贬不一。后来流行的歇后语"海张五修炮台——小事儿一段儿"，就是取于海张五帮助僧格林沁修整战壕，在沿白河一带用存盐的盐砣席包垒起临时炮台的史实。

清光绪时期，随着家族兴衰嬗变，"八大家"中有的已家破人散，一些新的富豪不断形成，又有四个大家族被民间纳入"八大家"的称谓范围中，他们是"李善人家"、"益德王家"、"乡祠卞家"、"高台阶华家"。

"李善人家"是天津的大盐商，发家后曾从事多年赈务及其他慈善事业，故得"李善人"之称。

李家是在清康熙年间从江苏北迁落户津门的，旧宅在东门内二道街东头冰窖胡同，其先辈曾在朝廷为官。清咸丰年间，李家接办了河南省滑县、许州、临颍三县及河北省涞水县的引岸，并在城里开设盐店瑞昌号、福昌号。后又接办了河北省鸡泽、永年、曲周等县引岸及津武口岸的一部分，并与其他盐商合办、包揽了十多处销盐口岸，成为盐务首富，号称"千万李"。民国15年（1926年），李家兄弟十人分家析产后，李氏大家族瓦解。

"益德王家"也是大盐商，因早年曾开设益德号钱铺，故称"益德王"。

王家是清咸丰年间从山西来天津城西永丰屯（今南头窑一带）的，当时以放印子钱（高利贷）为业，后开设益德号钱铺。当时资金很少，全仗印发钱帖周转。由于其还兼为盐商们代购苇席、麻袋，故得"麻袋王"的绰号。清末时期，王家趁外国货币涌进、中国银两银圆并行之机发家，建旧宅于城里户部街。此后，还接办了河北省长垣、东明、濮阳三县的引岸，并租办了大名、清丰、南乐三县盐引，成为远近闻名的大盐商，曾出任芦纲公所的纲总。王家还开设了当铺、海货店等商号，民国以后家境逐渐衰落。值得一提的是，王家后代王奎章曾热心兴学，与严范孙共同创办了天津私立第一中学堂（即后来的南开中学），聘张伯苓主持学政，而后又捐银十万两筹办南开大学，为天津的教育事业做出了一定的贡献。

"乡祠卜家"是天津著名的大商贾，因其旧宅在城里浙绍乡祠旁，故得"乡祠卜家"之称。

卜家是从清康熙五十四年（1715年）由江苏常州迁至津门的。起初，祖辈主要在衙门里当师爷。清嘉庆八年（1803年），卜家开设了第一个商号——隆顺号，经营土产杂品。1840年鸦片战争后从事进口纱布生产，而后又与日本三井洋行建立代销关系，获得巨额利润。之后，又在上海、青岛、汉口等地开设棉布庄、海货店、当铺等商号。清光绪年间，卜家达到财势最盛时期，拥有资产约五百多万银两。民国四年（1915年）时，卜家析产分家，各门从事经营海货、棉纱、茶庄、药店等不同行业，并涉足金融业，颇有建树，后人卜月庭曾任天津商会会长。由于卜家资产丰厚，宅地众多，至今天津还有卜家大院、卜家大墙等地名存在。

"高台阶华家"既是大盐商又是大官僚。因其居住的大四合套门楼高大，台阶达七层之多（天津旧时民居以台阶层数多少来显示家族的财势），故得"高台阶华家"之称。其家族著名的原因还与其族人华世奎居官显要且长于书法有关，特别是华世奎之书法深得众人赏识，被视为书法大家。民间曾留下许多趣闻轶事，如"华世奎醉写劝业场"等。

华家在明末时期从江苏北迁，于清康熙初年居天津。清咸丰年间开始从事盐务，接办了河北省定兴、新城两县引岸。之后，又开设了油坊、茶叶店等商号，获得巨额财富。但由于华家后人不善经商，加之家族宠大，生活靡费，致使债台高筑，曾一度成为"穷八大家"。

清乾隆、嘉庆年间，除前述八大家之外，著名的大家族还有承办盐务的"东门里杨家"、"南斜街高家"、"只家胡同董家"、"鼓楼东姚家"，从事海运业的"海下高家"等。当时，天津民间曾流传这样一段顺口溜："天津卫，有富家，估衣街上好繁华；财势大，数卞家，东韩西穆也数他；振德黄，益德王，益照临家长源杨；高台阶，华家门，冰窖胡同李善人"。列出了卞、韩、穆、黄、王、张、杨、华、李共九家，可见天津的"八大家"之称在当时已经是一种泛指了。

民国以后，又有许多新兴的资产阶级跻身于八大家中，如"元隆孙家"、"敦庆隆纪家"、"同益兴范家"、"瑞兴益金家"等，逐渐形成所谓新的八大家。同时，又有按行业区分的八大家，如"钱业八大家"、"棉布业八大家"、"电料业四大家"等等。

天津"八大家"的形成，与明末清初天津地区海运、河运漕粮及盐务的发展有着直接的关系，而其中最突出的是天津盐商对长芦盐运销的垄断。清代长芦盐的销售地区有近二百个县，盐商须向官府交纳一定的款项，经官府核准后发给一定销售地区（"引地"或"引岸"）、一定销售量的特许凭证"引票"（俗称"龙票"），该商即成为运销芦盐的专商。而这些芦盐销售地区全部为天津盐商所垄断，子孙世袭其业。

盐商为了保护他们的特殊利益，在清康熙年间成立了"芦纲公所"，由财势最大的盐商主持，称为"纲总"。盐商凭借自己的势力，肆无忌惮地压低盐价，对产盐的"灶户"进行残酷剥削。因为无论盐价怎样低，也只能卖给享有专利的盐商。盐商们低价购进后，及至销到各自的引地，获利常在20倍以上。

经营漕粮北运的粮商和养海船大户也不逊色，倚靠自己与官府的特殊关系，垄断粮价，获利极其可观。清举人杨一昆在《天津论》中写道："粮字号买卖最吉祥，一只可赚三只粮，钱来的涌，职捐的狂，蓝顶朝珠皆可想。"

这些盐、粮富商为了巩固自身的特殊地位，还以捐输、报效的形式向皇帝献媚。据统计，仅康、雍、乾三朝，长芦盐商以各种名义向清廷共捐银350万两。盐商们除了过着骄奢淫逸的生活，还把大量金银投资于商业、典当、钱庄和土地，或置买房产，在社会上的声势日益显赫。如盐商张霖，发家后在北京和天津都建造了豪华的宅邸和私家园林。盐商安麓村收买了大批珍贵的书画，成为有名的收藏家，并著有《墨缘汇观》。盐商查日乾在天津城西修建了极负盛名的私家园林"水西庄"，一度成为乾隆皇帝来津的行宫。

有的盐商还出资举办了一些地方性的水利或公益、慈善事业，如水会、书院、育婴堂等等。有的富商为了附庸风雅，还在自己的园林中延揽名士著书、吟诗、作画，从一定程度上促进了天津地方雅文化的发展。天津娘娘宫庙会之所以演变成名气不同凡响的"皇会"，与上述天津富豪"八大家"的支持与推波助澜有着直接的联系。"八大家"本来就是像天津这样一个沿海商埠城市畸形发展的产物，他们在获得巨额财富成为名门大贾后，便疯狂地挥霍，大讲排场。"好财买脸"，是"八大家"的家风特征，对"皇会"这种既能向皇上表示效忠，又可以向社会炫耀阔绰、财势、身份的机会，"八大家"岂能轻易放过。所以，历次举办皇会，庙中伙食和应用的绸缎布匹以及抬阁会的八架抬阁、一部分仪仗銮驾等，均由盐、粮商包出。像皇会中的扫殿会、门幡、黄轿、华辇、銮驾及华盖宝伞等，一切开销也大都由各富商支出。而且各会之间互相攀比，争奇斗胜，以显示各豪门富户的阔绰气派。以至于早先由天后宫中僧人和道士操持的皇会，到后来全都仰仗市面上显赫的盐商、粮商、钱商等富商大贾们了。

总括而言，"八大家"的形成，从一个重要的侧面反映了天津经济的繁荣，他们所获得的巨额财富，也反映了天津城市经济的实力。天津的地方文化和城市风俗也必然受其经济实力的刺激而发生显著的变化，天津皇会也正是在这样一个经济环境和文化氛围中发展成熟起来的。

（四）吃会、玩儿会与截会

皇会之所以能牵动如此多的民众之心，越办越红火，有钱出钱，有力出力，以至达到商人辍市，百业停工，交通断绝，万人空巷……除了人们对天后娘娘的信仰、历代皇帝的册封和赏赐，以及津门富豪"八大家"的经济资助外，还有三类人的作用不可忽视。一是吃会者，二是玩儿会者，三是截会者。

吃会者，顾名思义，是指那些靠办会挣得吃喝穿戴的人。这类人多出自贫寒之家，无正式职业。平日里喜好凑热闹，爱管闲事，俗语爱"惹惹（音 rě rě)"，有的还知晓一些俗例儿繁礼。他们靠办会之时，竭力为会上服务、跑道儿，以挣得些许银两报酬，或一些食物、布料等。这种收入虽不固定，但颇为可观，足以养家，以至于不少人都热衷于此行当。

参加皇会行会表演的各道老会、圣会，每会都有数名吃会者。他们大多都是属于一个地区的居民，出会前，吃会者便与各会头商议筹措出会资金，主要用于四天的行会。首先由他们出面拿会上名帖向本地区居民（主要是大户和较富裕人家）或商行店铺中募捐，然后将各家捐助银两数量写于黄纸贴出。民众所捐除金钱外，还有的以物相助，如捐大米、点心茶食、绸缎布料、戏装佩饰等等。总之，各家皆尽自己所能，无所吝惜。

吃会者大都属于性格开朗，身上带有一些侠义丈夫气，在大张旗鼓地宣传、操持出会中付出了艰辛和努力。但其间也不乏一些游手好闲之辈，常借办会之机，挨家敛钱，强迫居民（特别是平民百姓）出资，然后从中为自己牟取暴利，这种行为深受世人唾弃。正如清代津门名士杨一昆在《皇会论》中所述："有一等游手好闲，家家去敛，口称善事，手拿知单，有钱无钱，强派上脸，图了热闹，赚了吃穿……"辛辣地讽刺了那些吃会者。特别是到皇会后期，这种强摊硬派之风盛行，以致遭到筹办者扫殿会的抵制。如民国二十五年（1936年）最后一次皇会时，组织者扫殿会曾下令不准高跷会参加皇会行会，据说就是对其敛钱行为的惩罚和制裁。

玩儿会者有好几种表现形式，有的是那些喜好参与地方性公议活动，即爱"惹惹"之人，但他们不要任何报酬；有的是酷爱戏曲演唱、武技杂耍之人，他们或亲自参与或扶持、指导他人表演；有的是家境宽裕的纨绔子弟，他们有的是时间，有的是金钱，以玩儿会消磨时光，并因自己的捐资而得到会中人尊敬乃至恭维，心理上达到一定的满足；还有的是愿心办会，或以劝善为目的，以此为家人或自己祈福增寿；更有的是子弟会，由祖辈传下来。有了这些玩儿会者，才组成各道老会、圣会的基础和骨干力量。

　　截会者，主要是指那些大的商号、店铺和经营者或豪门富户。截会，是皇会行会中的一种习俗，即沿途看会之人将路过于此的各表演老会、圣会截住，请其为他们演出。一般富户和商家多在自己的住宅、商号或店铺门前提前搭好看台。看台是用苇席、木板和竹竿搭制，一般都花钱雇请棚铺人为之。然后将家中的亲朋好友（有的甚至远隔千里）都请来观会，为他们预备好看会时吃的茶点、果品等零食，还要差雇大师傅（厨师）操持宴席。最重要的还要预备出百十来包茶食点心，每包十多斤，作为被截住的老会或圣会演出之后的犒劳品。因此，市面上的点心铺和茶庄的生意此时最兴旺，有的点心铺当接到主家的订单后，自己做不过来时，就要过作（即联络委托其他的点心铺代为加工）。

　　截会要讲理儿讲面儿，截会时有严格的礼仪要求和规矩。通常由主家事先写好名帖，当会到门前时由仆人将名帖送至会头跟前，与会头交换名帖后，先道辛苦，然后才可提出请会表演的要求。会头一般都爽快地答应，并摇动手中会旗，敲响小锣，指挥自己的会停在主家看台前。凡被截之会，都各有所长，特别是在演技上必有一绝活。演员们玩儿会的乐趣就是有观赏者，有喝彩者，何况演出后主家还要慰问犒劳，谁不卖力气？谁不想露脸？

这里需说明的是截会习俗的形成与各老会、圣会的拜会习俗也有很大的联系。拜会，就是各民间老会、圣会逢年节及出会表演时，要派会中人员持会帖到会所附近及表演时所过街面上的店铺及富户名家进行礼貌性的叩拜，其表达的意愿有两个：一是表示本会对所拜人家及商号的尊重、敬仰；二是表示今后本会还需要他们多加关照。拜会习俗沟通和密切了各老会、圣会与其所在地区的邻里、商号店铺之间的关系。

截会者的截会，使皇会表演高潮迭起，不光截会者家人、亲朋好友可大饱眼福，尽览出会队伍精彩绝伦的演技和风姿，得到美的享受，连附近的邻里及周围集结的游客、香客也都可以跟着沾光，观赏到一道又一道会。应该说，在某种程度上截会者带有一种炫耀财势、与人斗富的心态，但他们这种行为催生的截会习俗却刺激了各老会、圣会的发展，使其相互间的竞争意识加强，促使其在表演、服饰、道具上尽量追求一种完美，以一些新鲜的玩意儿、花样袭人耳目，出奇制胜。

尽管截会极力讲究礼仪风范，但当中亦有一些不文明的举动。被主家截住要求给予表演的老会或圣会演出结束后，除主家要赏一些金钱和食物外，看会的亲戚和其他家眷有的也会掏钱赏给表演者。这时，往往有个别好斗之徒拿出当票找乐儿（即拿人开玩笑），会上的人知道这是在找碴儿打架，一般都不予理睬。会头便一边说我们不管赎当，一边带领自己的会继续向前行会。

吃会者、玩儿会者和截会者为皇会组织了最基层、最直接的观众和参与者，训练了一支支技艺精湛的表演老会和圣会。因此，在皇会形成和发展的历史上，这三类人员的作用不可忽视。

三、从盛会行事到仪礼程式规范

皇会是一个有组织、有计划并有严格规定的庙会形式。其筹划之精细、措施之完备、会规之严密、等级之分明、仪礼之繁缛，非一般庙会所具备。

皇会的行会更是异彩纷呈，一切仪仗装饰、人员服制、表演技艺都力求尽善尽美，花钱费事在所不惜，务必要求其如何美丽，如何风光，融聚了天津民间各种技艺的精华。所有出会仪式、典礼庄严隆重，不厌繁缛，成为"全国各省唯一的神话盛事"①。

---

① 《天津皇会考纪》16页。

（一）会期和路线

天津皇会从农历三月十五日起至二十三日天后娘娘诞辰日为止，共举行九天。这期间除十六日、十八日、二十日、二十二日四天有行会表演外，其余五天时间均为各地民众大规模地进香朝拜、贸易往来、会亲访友、看戏游观以及一些陈设老会、圣会的座会设摆等庆贺活动。

由于参加皇会活动的人很多，且已不局限于天津当地居民，因此，为保障安全，皇会筹备处即天后宫扫殿会对皇会期间的香客敬香时间做了严格的规定，即农历三月十五日、十七日、十九日、二十一日、二十三日五天为女子敬香日期；十六日、十八日、二十日、二十二日四天为男子敬香日期。后来的千福寺在农历三月十七日圣驾值寺期间，为安全起见也对香客的敬香时间作了上午为男子下午为女子的规定。

在皇会期间，最隆重、最壮观、最热闹、最吸引人的要数十六日、十八日、二十日、二十二日这四天的行会活动。以至于后来民间不少人都认为皇会只举办四天，并将皇会作为民间各道老会、圣会进行行会表演的代名词。

农历三月十六日为"送驾日"，天后娘娘及为其伴驾的送生娘娘、子孙娘娘、癍疹娘娘、眼光娘娘要被送到天后娘娘行宫（最初在闽粤会馆，后又改在如意庵和千福寺），接受香火并驻跸至十八日。

农历三月十八日为"接驾日"。这一天要把十六日送去的天后娘娘及其随驾的送生娘娘、子孙娘娘、癍疹娘娘、眼光娘娘神驾接回天后宫。

农历三月二十日、二十二日两天为天后娘娘"出巡散福日"。届时，天后娘娘要乘华辇出天后宫，沿天津城出巡，接受沿途香客的叩拜，散福于民间。这时，送生娘娘、子孙娘娘、癍疹娘娘、眼光娘娘也要乘坐宝辇随驾。各表演老会、圣会伴驾于左右，皆拿出浑身解数尽力各显其能。这两天的行会表演较十六日送驾和十八日接驾更多，更精彩。

皇会的行会路线基本上是绕天津城内外而行，但就出天后宫和回天后宫这一出一进而言，行进的路线是不能一样的，也就是说出去时要走一条路线，回来时要另走一条路线。同时，不仅送驾、接驾，以及出巡散福这四天的行会路线各不相同，而且每次办皇会的出会行走路线亦有所不同。

最初农历三月十六日送驾的行会路线为：出天后宫——宫南大街——袜子胡同——水阁大街——东门——鼓楼——

西门——如意庵。十八日接驾的行会路线为：出如意庵——
南阁——针市街——估衣街——单街子——宫北大街——进
天后宫。二十日出巡散福的行会路线为：出天后宫—宫南大
街—袜子胡同——东门——鼓楼——西门——西马路——南
阁——针市街——估衣街——锅店街——单街子——宫北大
街——进天后宫。二十二日出巡散福的行会路线：出天后宫
——宫南大街——袜子胡同——东门——鼓楼——西门——
西马路——南阁——针市街——估衣街——东马路——袜子
胡同——宫南大街——进天后宫。

　　民国以后，皇会行会的路线延长，不仅要上桥过海河，
而且规定要经过市政府。因此，行会路线变更较大。现举民
国二十五年（1936 年）皇会行会路线为例。农历三月十六日
送驾：出天后宫——宫南大街——磨盘街——东门——鼓楼
——西门——横街子——韦驮庙——进千福寺。十八日接驾：
出千福寺——双庙街——驴市口——西头湾子——六合轩
——铃铛阁——双街口——太平街——针市街——估衣街
——毛贾伙巷——宫北大街——进天后宫。二十日出巡散福：
出天后宫——宫北大街——毛贾伙巷——大胡同——金钢桥
——大经路——天纬路——河北三马路——市政府西辕门

——市政府东辕门——金钢桥——大胡同——估衣街——北门——鼓楼——东门——袜子胡同——宫南大街——进天后宫。二十二日出巡散福：出天后宫——宫南大街——磨盘街——东门——鼓楼——西门——西马路——南阁——针市街——北马路——东马路——袜子胡同——宫南大街——回天后宫。

皇会的行会路线一旦确定后，任何人不得更改。

（二）老会、圣会知多少

皇会在行会过程中，参与行会或进行各种表演的团体都是以"某某地区某某老会"和"某某地区某某圣会"的名称出现的。起初，名称中的"老会"和"圣会"在叫法上有着严格的区别和规定。通常能称作"老会"的，必须具备三方面的条件：一是其会成立的历史久远，起码都是三代以上的子弟会；二是在表演内容和技巧上都有独到之处，高于别会，并得到他会的普遍认可；三是参加过迎接皇帝圣驾的仪式，有的甚至受到过皇封和赏赐。显而易见，"圣会"必然属于小字辈的一般会了，但它可以随着时间的推移和演技的日臻娴熟，在得到有名望的几道老会的评议下，升格至"老会"的名称。但到后来有的要求就不那么严格了，名称的起法随意性较强，亦不特别刻意显出资格了。

参加皇会行会的老会和圣会的数量，每次都有增减，这与当时经济实力的状况有着密切的关系，最多时可达150余道会，最少则只有三四十道。无论会的数量多少，其所包含的会种是基本不变的。即有扫殿、净街、梅汤、接香、请驾、护驾、护棚、防险、黄绳、叉子、茶棚、门幡、太狮、宝伞、銮驾、日罩、灯亭、宝鼎、宝塔、杠箱、重阁、高跷、捷兽、秧歌、跑竹马、花鼓、抬阁、法鼓、挎鼓、大乐、十不闲、莲花落儿等等四十余种，每种都有一至数个团体组织，或服务，或表演，构成庞大的老会、圣会队伍。

如果按表现形式和内容划分，可将这些会种分为六种类型，它们是指挥协调类、公益服务类、仪仗銮驾类、座会设摆类、还愿劝善类、玩意儿表演类。

指挥协调类只有一道会，即天后宫扫殿会。

公益服务类包括了20余道会，较著名的有盐坨六局净街老会、窑洼果子店梅汤圣会、老县署接香老会、南门内老接香会、宫南香锅老会、宫前请驾会、东门里同议请驾会、侯家后敬议请驾会、运署前运署请驾会、针市街诚议请驾会、庚济护棚会、沼济护棚会、上善护棚会、公善防险会、黄绳会、叉子会、以及城后献茶会、妙峰山联合总茶棚会等。

仪仗銮驾类有近十余道会，以钱商公会庆祝门幡老会、针市街公议太狮圣会、拴马桩云照灵官老会、长顺华盖宝伞圣会、河东杂粮店善念銮驾老会、经司胡同銮驾老会、赫赫堂銮驾老会、运署护驾老会、侯家后公议日罩老会、如意庵日罩老会、城内板桥胡同宝辇圣会、通纲黄轿圣会等最为著名。

座会设摆类是既参加座会设摆又参加行会表演的会种。所谓座会设摆是将会中华贵精美的道具、灯饰、旗幡等物品在事先搭好的大棚中展览，供香客和游人参观，如受到扫殿会邀请参加行会表演，则在行会的时间内出会，参与随驾伴驾的行会演出。较著名的设摆会有二十余道，其中以北门内小宜门口宝鼎圣会、针市街德照灯亭圣会、公献提炉灯亭老会、永远老灯会、白衣庵值符灯亭老会、敬善献灯老会、新福社献灯圣会、城西同照灯亭圣会、闸口广照老会、河北大寺宝塔圣会、杨柳青香塔老会以及花神庙鲜花灯亭圣会、西大药王庙前德庆鲜花会、灯扇老会等最富特色。后来，由于座会设摆类会的阵势雍容华贵，富丽堂皇，故又逐渐被列为天后娘娘的仪仗队，成为带有銮驾仪仗性质的会种。

还愿劝善类主要的有十多道，即庆善堂巡风圣会、余庆堂巡风圣会、积善堂顶马会、怀古堂顶马会、东门外南功店海屋增筹灯亭圣会、普善花童圣会、花瓶巡风会、积善堂道童行香圣会、城内宝塔花瓶圣会、道童花瓶圣会以及报事灵童圣会等。

玩意儿表演类的内容最多、最丰富，也是皇会最精彩的部分。它包括鼓乐表演、戏曲说唱、舞艺耍技、寓意造型等表演内容。

鼓乐表演类包括了挎鼓、法鼓、大乐等三个会种的150余道会，其中最具天津地方特色的有乡祠前远音挎鼓老会、西乡大园村西园法鼓老会、紫竹林东园法鼓老会、大觉庵金音法鼓老会、芥园庙花音法鼓老会、天后宫前宫音法鼓老会、龙亭公议井音法鼓老会、南头窑同心法鼓老会、小南河进香音乐法鼓圣会、闸口下东园广音法鼓老会、城西金音法鼓老会、河东盐坨三道井沟诚议心音法鼓老会、河东陈家沟娘娘庙前善音法鼓老会、城内石桥后洪音法鼓老会、永丰屯公议香斗法鼓老会、锦衣卫桥和音法鼓老会、河东于家厂同议雅音法鼓圣会、玉皇阁前津音法鼓圣会、侯家后永音法鼓老会、城内草厂庵清音法鼓圣会、同愿太平法鼓圣会、城内立源法鼓圣会、河东小盐店和音法鼓老会、盐坨涌济扬音法鼓老会、李家楼起音法鼓老会、牌楼口振音法鼓圣会、盐坨寿恩堂庆音法鼓圣会、河东上冰窖盐坨法鼓老会、盐坨准提庵中音法鼓老会、河东陈家沟乡音法鼓老会、太平庄同云法鼓老会、中营西同议法鼓老会、盐道运署法鼓老会、顶家胡同霞云法鼓老会、南门外万庄子归音法鼓老会、西门外亭云法鼓老会、辛庄金音法鼓老会、紫竹林广音法鼓老会、西门内和平音乐会、同善大乐老会、诚议大乐老会、东门内同和大乐老会、宫门大乐老会、邵公庄吹会、萃韵音乐会、天后宫道众行香老会等。

戏曲说唱类有 20 余道会，表演曲目各不相同，较为著名的有河东意善《洛阳桥》圣会、晒米厂随议《胖姑学舌》圣会、河东白衣庵和善《长亭》圣会、侯家后同乐《十不闲》圣会、英乐《四季长鲜》圣会、顺天府宛平《京十不闲》圣会、议善《莲花落》圣会、盐坨文殊庵妙显寸跷《莲花落》圣会、河东小圣庙同善《渔家乐》圣会，以及同乐《锯缸》老会、东南角康家大院庆和《瞧亲家》圣会等。

舞艺耍技类内容最为丰富，包括了中幡、杠箱、重阁、

高跷、捷兽、跑竹马、花鼓、秧歌和杂耍等十多种类型的 80
余道会，其中以乡祠前中幡圣会、天后宫前敬议中幡圣会、
盐关口胜议中幡圣会、院署内庆祝中幡圣会、河北大关城龄
中幡圣会、梅家胡同中幡圣会、闸口扫堂中幡圣会、独流北
街中幡老会、南门内永乐杠箱老会、庆乐杠箱官圣会、北城
根集善五虎杠箱老会、公馀同乐五虎少林老会、闸口下溜米
厂胜议重阁老会、河东陈家沟德善重阁老会、永丰屯西池八
仙会、东南角庆寿八仙会、津道老鹤龄会、县署前《混元盒》
高跷圣会、小王庄聚乐小高跷会、南门外崔家大桥同心高跷
老会、河北关上赵家场众乐高跷老会、河东小关涌善老高跷
会、城隍庙前卫龄高跷老会、北营门外同义高跷老会、中营
后同乐老高跷会、天安寺同乐高跷老会、河北石桥《升仙》
高跷圣会、傅家村《渔樵耕读》高跷圣会、胜芳进香高跷圣
会、河东大寺盛意高跷会、东南角过街阁后《西游记》高跷
会、《绿牡丹》高跷会、西码头百忍京秧歌高跷老会、姜家井
捷兽会、河东小关涌义神狮老会、育德巷前永长金钱跑竹马
圣会、乐善双花鼓圣会、西沽永庆太平花鼓老会、德庆绣球
圣会、德庆舞花圣会、永庆《万年甲子》圣会、河东陈家沟
小石道东码头同心京秧歌老会、窑洼秧歌圣会、达摩庵同议

秧歌圣会、梁家嘴议胜秧歌圣会、河东李家台小福源京秧歌老会、西码头庆乐《渔樵耕读》圣会、河北公议阵图秧歌老会、《多福如意》圣会、胜议十锦杂耍会、侯家后猴爬竿老会等最负盛名。

寓意造型类只有八道由盐纲公所承办的抬阁会。

纵观上述丰富多彩、五花八门的各道老会、圣会，您一定会理解皇会之所以能吸引数以万计的天津乃至其他省市各界民众蜂拥而至和倾心投入之魅力所在了吧，那您也更会对皇会行会时达到万人空巷、行会队伍延绵数十里的壮观场面不足为怪了！

对此，清代津门著名诗人崔旭曾作《津门百咏》：

逐队幢幡百戏催，

笙歌铙鼓响春雷。

盈街填巷人如堵，

万盏明灯看驾来。

（三）次序和会规

至于皇会行会时各道老会、圣会的排列次序亦是有严格的规定，任何人、任何表演团体皆不能随意变更。

现举清光绪二十年（1894年）皇会行会次序为例，依次为：盐坨六局净街老会、钱商公会庆祝门幡老会、针市街公议太狮圣会、姜家井捷兽会、乡祠前中蟠圣会、乡祠前远音挎鼓老会、北城根集善五虎杠箱老会、闸口下溜米厂胜议重阁老会、侯家后同乐十不闲圣会、拴马桩云照灵官老会、芥园庙花音法鼓老会、芥园庙鲜花会、闸口广照老会、北门内小宜门口宝鼎圣会、天后宫道众行香老会、西乡西园法鼓老会、东南角庆寿八仙会、经司胡同銮驾老会、侯家后"送生娘娘宝辇"请驾会、南头窑同心法鼓老会、老县署前接香老会、侯家后公议日罩老会、灯扇老会、公献提灯（提炉）灯亭老会、运署"瘝疹娘娘宝辇"请驾会、侯家后永音法鼓老会、老县署接香老会、侯家后公议日罩老会、灯扇老会、公献提灯（提炉）灯亭老会、宫前"子孙娘娘宝辇"请驾会、紫竹林东园法鼓老会、南门内老接香会、侯家后公议日罩老会、灯扇老会、公献提灯（提炉）灯亭老会、针市街"眼光娘娘宝辇"请驾会、宫北白衣庵值符灯亭老会、大觉庵金音法鼓老会、南门内老接香会、东门内同和大乐老会、津道老鹤龄会、西门内和平音乐会、灯扇老会、公献提灯（提炉）灯亭老会、侯家后公议日罩老会、南斜街"天后圣驾华辇"请驾会、运署护驾会。

一般在送驾日和接驾日两天中，参加行会的会种和数量都比后来两天的出巡散福日要少一些，现以民国二十五年（1936 年）最后一次皇会的出会情况和排列次序为例：

送驾日各道会（种类）次序依次为：宫音法鼓、天后宫道众行香、銮驾、大乐、灯扇、献灯、提灯提炉、日罩、天后圣母黄轿、护驾、灯扇、献灯、提灯提炉、日罩、眼光娘娘宝辇、灯扇、献灯、提灯提炉、日罩、子孙娘娘宝辇、灯扇、献灯、提灯提炉、日罩、瘢疹娘娘宝辇、灯扇、献灯、提灯提炉、日罩、送生娘娘宝辇。

接驾日各道会（种类）次序依次为：捷兽、挎鼓、中幡、萃韵吹会、圣字灯亭、法鼓、西池八仙、老县署接香、灯扇、献灯、提灯提炉、日罩、送生娘娘宝辇、同心法鼓、老县署接香、灯扇、献灯、提灯提炉、日罩、瘢疹娘娘宝辇、接香、灯扇、献灯、提灯提炉、日罩、子孙娘娘宝辇、庆寿八仙、南门内接香、灯扇、献灯、提灯提炉、日罩、眼光娘娘宝辇、金音法鼓、南门内接香、道众行香、永丰屯大乐、鹤龄、銮驾、提灯提炉、日罩、天后娘娘黄轿、护驾会。

出巡散福日两天的出会种类数量和排列次序基本相同，

依次为：净街、门幡、捷兽、挎鼓、中幡、太平花鼓、五虎杠箱、重阁、平音法鼓、阵图会、和音法鼓、云照灯亭、鲜花法鼓、宫音法鼓、西池八仙、老县署接香、灯扇、献灯、辇主、提灯提炉、日罩、送生娘娘宝辇、同心法鼓、老县署接香、灯扇、献灯、辇主、提灯提炉、日罩、瘟疹娘娘宝辇、永音法鼓、老县署接香、灯扇、献灯、辇主、提灯提炉、日罩、子孙娘娘宝辇、井音法鼓、庆寿八仙、南门内接香、灯扇、献灯、辇主、提灯提炉、日罩、眼光娘娘宝辇、金音法鼓、南门内接香、道众行香、同和大乐、鹤龄、公议音乐、銮驾、提灯提炉、日罩、辇主、天后圣母华辇、护驾会、扫殿会。

参加皇会的老会和圣会在行会前均要举行一番仪式。

第一，要先一天举办设摆。即在自己会址地或宫南宫北大街处亮出本会出会所使用的行头、道具、执事等供众人观看。法鼓会则多在庙前及其周围候驾，因其既是表演文玩意儿的会，同时又兼为仪仗会，有"半副銮驾"之美誉。法鼓会设摆的格局都大体相似。一般是本会的大纛旗放在正中央，前面摆有鼓箱，鼓箱四角插着四个铠架，鼓前放置条案或八仙桌子，将钹、铙、铬等乐器放在上面，其他仪仗按行会的顺序要求分两侧八字排开。到了晚间，仪仗的一百多个灯笼通宵点燃，使人感到一种神圣，同时增加了热闹、喜庆的气氛。

第二，祭祀神佛。有的会要到当地的土地庙举行供奉老郎神（唐明皇）仪式，如秧歌老会全体会员要面向神位肃立、由伞头（即表演时舞伞之人）把伞供在神案上，然后点燃香烛，会头喊号三叩首，站起后伞头将伞请到随身挎着的伞囊里，方可出发。有的会则在自己的会所内号佛，即全体会员要按长幼顺序分两纵队站立，点燃供桌上的香烛，每人将自己使用的道具平端胸前，在会头的带领下唱《号佛歌》：

　　　阿弥陀佛念了一声，达摩过江快如飞，梵王太子要
　　去嗦经；

　　　阿弥陀佛念了二声，二郎担出一直往东，泰山压顶
　　永不翻身；

　　　阿弥陀佛念了三声，三咒感应护法韦陀，杨柳枝儿
　　供在水瓶。

随后，便可出会。

第三，供响器家伙。有的会将出会时使用的会锣常年供在神像前的供桌上，每次出会前都由会头进行祭拜。会头要先净面，在神像前三拜九叩，敬香祈祷，以求出会顺利，安

全无事，谓之"请锣"。当行会回来后，再举行叩谢仪式，曰之"归朝"。

第四，张贴黄报。当接到扫殿会的请会出会邀请后，各会要到天后宫将写好的黄报按扫殿会的要求贴在规定地点。

图 2　昔日皇会举办前天后宫山门外贴满黄报

第五，进天后宫向天后娘娘报到。在有行会表演的四天里，各道会要听从扫殿会的安排，根据出会排列顺序，依次进天后宫向娘娘敬香叩拜，高唱《八仙庆寿歌》。他们所唱的《八仙庆寿歌》的歌词和曲调韵律各有不同，就歌词来说主要的有三种。

（1）《八仙庆寿歌》：

　　钟离大仙离终南，南极宫中祝寿筵。

　　眼前走过李铁拐，拐杖葫芦福寿双全。

全凭我张果老的渔鼓把歌词儿唱，唱的是跳出红尘自在清闲。

闲吹铁笛曹国舅，就到那南极宫中庆贺一番。

犯风花的吕洞宾斜背口宝剑，剑吐毫光透广寒。

韩湘子也来祝寿，寿桃寿面装在花篮。

蓝采和的玉板飘过东海，海屋添筹积如山。

山中的何仙姑正在采药，采来灵芝送寿仙。

(2)《八仙庆寿歌》：

领：（哟哎）五（哇）色祥云（哎）半空飘，八仙庆寿下山

合：（哟）来，你看头洞神仙汉（哪）钟离。

（哎呀）

领：二洞吕祖把宝剑背着（哎呀哎呀哎）。

曹国舅阴阳大板声音嘹亮（哎）。

蓝采和口吹平定一管竹（哇）箫。

（哎）张果老骑驴在云端走。

合：（来你看）何仙姑（的那个）笊篱哎肩头儿扛着（来我的天呀儿来，哎哎喽啊）。

李神仙铁拐儿一（呀）条（呵），韩湘子花篮

领：王母娘娘赐（啊）南极子老寿星，

跨定一只（呀）鹤（呵嗨喽）

朝圣人选出来了无价

合：宝，（来你看）太极（也）神图（哎）万国来朝（来我的天呀来哎哎）太极神图万国来（呀）朝。

这首《八仙庆寿歌》常被《混元盒》高跷会所使用。

(3)《八仙庆寿歌》：

领：（啊唉）五色（唉）祥云半空（啊唉）飘

合：八仙庆寿赴过了蟠桃（来）。

你看头洞神仙汉钟离，（呀嘿）赤面长髯耳坠金环来哎。

领：吕洞宾斜背着一口

合：七（来）星的宝剑（来哎唉），

一朵落莲花呀一朵梅花，

仙风道骨骨非凡（哪呀呼嘿），

（一朵落莲花花开一朵梅花落呀嘿）。

蓝采和的笛，

曹国舅的板，

铁拐李的葫芦冒青烟（来），

张果老骑驴桥上走，

（太平年来）张果老的渔鼓（喂）天上旋（来年太平），

领：何仙姑笊篱盛捞寿面，

韩湘子花篮开放了牡丹。

合：众八仙全来上寿（来），

又来了（喂）献桃（哎）小（了）小的小白猿（呐）

（我的天也来哎啊哈啊哈咳）福如东海寿比南山。

有一百多年历史的同胜文武高跷老会就是采用这首歌为娘娘祝寿的。

在上面介绍的三种《八仙庆寿歌》的唱词中，（2）、（3）两首分领唱、合唱及有手锣穿插敲击。为便于说明，凡有（　）处，均表示有手锣敲击伴奏。

第六，拜会。各道会的会头要相互交换帖子，以示尊敬。因而，各会都备有放会帖的专用盒子。

民间各表演老会对能参加皇会这样一个规模宏大又荣耀非同一般的盛会倍感自豪。那时，面子是第一位的，能被邀请参加皇会，是一个露脸的事，面子上好不风光。因而，各会在本会原有会规的基础上皆制定出更严格的规定，以约束自己会员的行为，保证出会时能得到世人称赞和尊敬。

各会自身所定的会规，大体上相似，都以文明礼让和严格的行为规矩以及劝善等内容为主。如有的会规要求会员在外要行善，在家孝父母，不欺人，不结伙，练玩意儿要齐心，以至对自己会所练技艺也要求不得外传；还有的会规定会员先礼后行，见人要和气，遇事要忍耐，不可强暴行事；有的甚至出警句"福缘善庆，乐益安然"，即表达与他会同庆同乐、团结为本、不起争端的办会宗旨。

如法鼓会规定，在他们出会期间，途中若遇他会，都必须偃旗息鼓。同时，把手上的响器家伙高举过头，鼓槌在头顶交叉，钹、铙面朝天，表示作揖叩首。待两会错过后，才可扬旗动响器，以达到和睦相处的目的。如果前去参加某处庙会或其他表演活动时经过的路段、地区本身亦有法鼓会时，就要向当地法鼓会"借道"，派会员到当地会头家送帖子。当地法鼓会会头要拿小手旗和铛子前去迎接，当双方互换会帖后，要让铛子随该会敲一通，以示欢迎。其实，这种欢迎还带有一定的挑战性，醉翁之意不在酒。其意是想让人家露一露水平。就这一手来说，有时还真让技艺略差的会丢面子，留下笑柄，俗曰"栽面儿"。因为铛子在击打时加上花点，节奏极不明显，特别容易乱了鼓点儿。因鼓是总指挥，鼓一乱，别人就没法再演了。每当这时，被"刁难"的法鼓会中表演铙子者就会立即紧紧贴在击鼓者旁边，让其听清本会铙子节奏，这叫"保鼓"，以此达到相互协调。当演出一阵后，才可通过该地。

特别是各会在参加行会表演时还要求会员举止严谨，不许说笑、打逗、乱看。尤其是男女上妆后，更不得相互混杂嬉闹。有的甚至还有禁止会员抽大烟的会规，从行为上规范了会员，在社会上有一定的积极进步意义。

当然，任何事物都不是绝对的，都会有正反两方面的问题出现。尽管皇会行会规定的规矩以及各会本身的会规都比较严格，特别是都以礼让谦恭为首，但也不乏在参加行会中的一些争强好胜、以强欺弱、自高自大的风气存在，这也是人本身性格弱点的一个体现。

例如：清道光元年（1821年），百忍京秧歌高跷老会首次接到邀请参加皇会的黄帖。当他们如期赶到天后宫时，先于他们来的傅家村《渔樵耕读》高跷会却提出不能有两道高跷会同时参加皇会，引起争执，谁也不肯让谁。这时，在皇会中颇有威望的"捷兽会"即姜家井狮子会前来说和，提出由他们会摆"九狮图",谁能破阵谁为胜者,胜者方可参加皇会。两道高跷会考虑了一会儿,也都认为以比武的方式来定夺是目前解决争端最好的方法,于是就答应了。

捷兽会布阵方法是由五个大狮子、四个小狮子和一个绣球组成九狮图,他们"卧"在天后宫门前封住山门不起,由这二个高跷会来闯破这个阵容。

再说这两道高跷会其实各有所长,就傅家村来说技艺高超,套路也好。但不知怎么着,就是破不了九狮图阵,无奈只好退在一边看百忍高跷老会的功夫。百忍高跷会有位大头行叫霍兆元,先行表演一番醉棒,当进入狮子阵时忽然改打"十八路套棒",而后又出人意外地来一个"太子踢球棒",将绣球踢动。卧着的狮子竭力想扑回绣球,但为时已晚,绣球已被霍氏飞脚踢出山门,百忍高跷会当之无愧地成为胜者,从此名扬天下。世人将百忍京秧歌"大破狮子阵"越传越玄乎,也由此他们便成为唯一一道参加皇会的京秧歌高跷会,霍兆元本人也因此荣获"霍金豆"的艺名。

参加皇会表演的各老会、圣会,大部分都属于子孙会,即祖传父、父传子,代代相传,且传子不传女。另外还有一部分是师承关系的师徒会,即在这道会中允许已入会的这几家子弟交叉传承。一般是先统一训练基本功，然后再分别传教各角色的继承人。这时就不准外人观看，基本上都是师父在自己家里教，外人不得真传。还有一种情况是，即使允许外人参加，也要选择心细、可靠的，并肯忠实于此会的人，以杜绝技艺外传。就此，不少会都在会规中有明文规定。特别是法鼓会，其保密程度更强，故有"法不外传"之称。因此，法鼓会的表演各具特色，一个会一个样。但也因此而禁锢、限制和阻碍了它的发展，以至于不少技艺慢慢失传。

当然，在这方面也有例外的。如西池八仙高跷老会，虽号称子孙会，但其所指的仅是道具制作和掌管人的代代相传（亦是传子不传女），而其余表演者则没有什么限制。

天津民间各会的技艺传承都靠口传身授，没有文字记载。为便于练习，常编排一些口诀和顺口溜帮助记忆。如同乐花鼓老会的编排练习口诀：

> 黄莺歌舞莲步往还，走二回么赶三。
>
> 玉腕轻摇金钱鞭，风摆杨柳在腰间。
>
> 太平鼓上点，燕逵把锣喧。
>
> 四人结队列两边，二鼓相随在中间。
>
> 先唱一个平安乐，再唱一个乐平安。

另外，阵图秧歌会亦有排演口诀：

　　腰要曲，腰要直，肩要抖，行要颤，眼随手，情在眼，伞为号，阵位准。

由于民间各表演老会、圣会各有自己一套技艺教习传承的方式方法，才使得这些表演艺术能够被今天的民间花会组织所继承，重新展现在世人面前。当然，在这么多年的流传过程中，亦有不少优秀的传统项目由于种种原因而失传或濒临失传。

（四）会中领袖数扫殿

在皇会众多的各道会种中，只有一道会具备着至高无上的权力，即鼎鼎有名的天后宫扫殿会。

扫殿会是皇会中的总指挥，被誉为"会中领袖"，负责整个皇会行会中的组织、筹备、调度、差派、请会、提会、安置等一切事务性工作。就其所承担的业务工作范围来说，扫殿会类似于当今的会务组。然而，与今有所不同的是，扫殿会的成员组成有着严格的选择条件，不是随便任何人都可以担当的。这是扫殿会本身的地位和含义所决定的。因扫殿会取意于在天后宫天后娘娘殿前洒扫，伺候天后娘娘之意，故使其在皇会中地位显赫，人们以跻身于扫殿会为光宗耀祖之事，并为之不惜一切代价。扫殿会最初由天后宫的僧侣组成，而后随着天后宫由道士住持后又改由道士组成，清朝乾隆时期，皇会达到鼎盛，仅靠天后宫道士的能力已远远不足以维持皇会的操办，故由当时的盐商、粮商和钱商等共同参与组成扫殿会。民国以后，官府为繁荣地方经济，也加入了扫殿会的行列，参与筹划皇会行会之事，使扫殿会成为一个综合各方能力，集结各方人士的核心组织。

参加扫殿会者不仅要求其在当时市面上具有一定影响，享有一定声望，而且还要求必须取得一定功名才可参加。因而，不少富豪及纨绔子弟们不惜以重金捐取功名，以求参加扫殿会。此外，参加扫殿会还有许多具体要求，民间将其归结为32条，即"讲字号、讲相貌、讲衣冠、讲知事、讲礼貌、讲说话、讲调道、讲运筹、讲为公、讲做人、讲孝道、讲恭敬、讲待人、讲仗义、讲疏财、讲息事、讲深厚、讲忠正、讲廉洁、讲除恶、讲安良、讲尊贵、讲根本、讲儒雅、讲行好、讲修善、讲劝诫、讲吃亏、讲寸心、讲规矩"[1]。由此可见，

---

① 《天津天后宫皇会行会图》。

加入扫殿会的绝对可以称得起"大人物"。

扫殿会的人员组成相对来说比较稳定，每次都在300人左右。在这300人中又划分出10个小组，每组30人，每组分为两班，每班15人轮流负责白天和夜间的行会事宜。其中有专门负责筹备请会的；有专门负责指挥何时出会表演、何时休息、用餐等调度工作的；有专门负责财物支出的；有专门负责通报信息、联络各方的；还有专门负责维持行会秩序的……职责十分清楚，分工极为明确，且各项工作有条不紊，井然有序。

通常在举办皇会之前，负责扫殿会整体工作的会头就要召集各小组的负责人组成筹备工作小组，共议皇会之事。同时，明确各项分工，落实每个环节。这是一个核心会议。会议之后，扫殿会率先在天后宫山门外贴出通告，俗称"黄报"，向外界公布即将举办皇会的通知及其有关规定。之后，扫殿会负责请会的会员要根据筹备会议商定的拟请会种逐一落实请会。被请的各道老会、圣会则要按规矩在不同的地点贴出黄报，绝不可随意张贴，其内容和格式也都有统一的规定。现举民国二十五年（1936年）扫殿会贴于天后宫山门外的黄报为例（黄报为竖式书写）：

历年三月二十三日，为天后圣母圣诞良辰，庆祝行香，现因繁荣市面，挽救商业起见，仍遵旧章，预于十六日驾幸千福寺行宫驻跸，十八日接驾回宫，二十、二十二等日，行香，散福，却瘟，届时务请诸大善士接驾拈香，是幸，谨此布闻。

天后宫 扫　殿　会 公启
住持张修华

除此，扫殿会还对参加皇会的各道会种有所限制，现仍举民国二十五年（1936年）贴于天后宫山门外的黄报为例：

奉谕，此次举行皇会，高跷，秧歌，不许参加，务希谅鉴，特此告白。

皇会办事处

与此同时，负责天后宫内安全防范工作的扫殿会会员要张罗印制出两种门证。一种是发放给香客的，为长圆形蓝地白字，上书"天后宫门证"字样；另一种是参与皇会事务性服务工作的有关人员使用的，为多角形蓝地白字门证，上书"天后宫招待员"或"天后宫夫役"字样。

在被扫殿会邀请的民间组织中，还有一个专门从事塑像工作的墨稼斋塑像店。他们要负责将天后娘娘以及为其伴驾的送子娘娘、子孙娘娘、癍疹娘娘、眼光娘娘的神像（头部）

重新彩画。最早五位娘娘塑像均为檀木雕刻，外敷香泥（系用焚烧过的香灰和成的泥）。后因如意庵被焚烧，在此驻跸的天后娘娘神像被盗，再重塑时便改用藤胎包布，后用油漆彩绘，行内人谓之"托纱像"，这倒方便了出巡时的搬抬。

　　每次出会前，扫殿会要去邀请坐落在宫南大街的墨稼斋塑像店为五位娘娘重新画像整容。同时，还要为其贴出黄报。旧时，天津民间的塑像店很多，包括曾为多道老会、圣会勾画脸谱彩妆的泥人张，但为什么非要请墨稼斋呢？这中间还有一段小插曲儿。墨稼斋位于宫南，距天后宫最近，且店内拥有不少名师高徒，在市面上小有名气。扫殿会一是图方便，二是慕名，便通常在出皇会的前一个月下请帖邀请其为娘娘们画像。那时墨稼斋虽说是愿心参与，但仍收取工费，每尊五吊钱。后来有一次因扫殿会的道士不仅在出皇会的几天前才下请帖请其画像，而且还对外扬言只要拿出钱来，墨稼斋就不能不来。这下惹恼了墨稼斋的主家，于是便赌气不肯前去。后经中间不少人调和约请，才负气前去整修，分文不取，并提出这纯系为老娘娘当差求顺。从此，他便垄断了这项为娘娘整容画像的工作。

　　扫殿会的服装和道具与其他会种有所不同，会员都是着统一的袍套靴帽：蓝绸长袍，外罩青缎马褂，内套月白色缎子袄裤，白边挽在青色马褂外；脚下是黑色半高长靴，腰间扎有或黄或蓝或黑色腰巾；帽子则是清代官帽，帽梁较短，各有顶戴职分。至于其使用的道具，只有三种，一种是中柄长圆形大会灯，一种是中柄圆形小会灯，一种是短柄黄绸地黑绒字长方形牙边会旗。会灯和会旗上均书有"天后宫"或"扫殿会"字样，大会灯是供在皇会行会队伍中殿后的扫殿会会员使用，小会灯和会旗则多供穿插于皇会行会队伍中各道会间负责维持秩序的扫殿会会员使用。

因为扫殿会是各道会的领袖，所以其会规也极为严格，一是要求会员处理问题态度和蔼彬彬有礼，有忍辱负重的精神，"请会、提会时，会友不许动气、急躁，若是别会吵嘴、打架，要用喜善言语解劝，实有难劝，磕头善解，以为自尊自贵，不许上脸（天津俗话，即"翻脸"之意）、动怒、骂人"；二是要求行为端正，不贪恋女色，对看会的青年妇女"不许瞪眼力瞧"，若有少妇和幼女走单或迷路时，"只管说话问明，不能窥看，要对明安置"；三是要求尊老爱幼，认真维持皇会行会秩序，如出现拥挤场面，要"打道叫道"，护送他们"到宽处看会"①；四是要求廉洁公正，不得贪污会上钱财物品，亦不能接受其他各会及看会人员的财物；五是要求每一会员严格遵守会规，若有一条违反，必将受到惩罚。

清代天津举人杨一昆在《皇会论》中对扫殿会有段精彩的描述："数杆黄旗在会前，上写着'扫殿'，逞精明，露强干，薄底靴亦穿武备院，夹套裤簇新月白缎，腰巾儿长，帽梁儿短，青洋绉棉袍齐把袖挽，无事呢，洋洋得意，有事呵，磕了个头山，好和歹出了些汗……"，生动地勾勒出扫殿会的形象。

民国二十五年（1936年）最后一次皇会举办后，由于不再出会，扫殿会的职能便有了很大的变化，并改名为"香烛社"了。其成员结构亦发生了变化，增加了一些洋行买办和民族工商业资本家。他们通常每逢农历初一、十五到天后宫烧香，但一般不进正殿，只在后楼启圣祠向圣公圣母和五位娘娘出巡行像敬香。如遇庙中动工修缮，他们均慷慨解囊，成为天后宫新的经济支柱。

----

① 《天津天后宫皇会行会图》。

（五）接驾当推娘家人

皇会是为天后娘娘祝寿而办，因而天后娘娘在皇会期间无论是驾幸行宫驻跸还是出巡散福，其辇轿都是皇会行会的核心。在这个核心周围，还有由送生娘娘、子孙娘娘、瘢疹娘娘、眼光娘娘及其所乘宝辇组成的第二核心。皇会中的送驾、接驾活动都是围绕这两个核心进行的。接驾会便是为着这核心中的五位娘娘而成立的会种。

接驾会只有一道，主要负责农历三月十六日至十八日天后娘娘在行宫驻跸期间一切活动的筹备和具体指挥、协调、管理等事宜。

农历三月十六日被称为"送驾日"。这一天要举行隆重的送天后娘娘出宫的仪式。接驾活动的发起人为当时在津的潮、建、广三帮客商。因为天后的信仰是由南方传来，天后的故乡又在福建，故使这些客商以天后娘家人的身份将天后娘娘的神像接到自己所募建的闽粤会馆团聚三天，接受乡人的祭拜，视为"回娘家"。

闽粤会馆位于天津城北北马路，正门在北门西，后门直通针市街，坐北向南，为潮州、厦门二帮客商于清乾隆四年

(1739年)建立。会馆有房屋693间，其中潮州帮的"万世盛公所"占144间，厦门帮的"苏万利公所"占206间，义园房占34间，这样下来真正属于闽粤会馆的只有309间。会馆内设有天后圣母殿，这是为随时拜祷而建。随着他们所发起和承办的接驾活动一年胜似一年，天津民间便逐渐接受了这个"回娘家"的事实，也称十六日的送驾至闽粤会馆为"老娘娘回娘家"。同时，一些天津及外埠香客为了表示自己的诚心，竟也纷纷涌入闽粤会馆参与天后娘娘乡人的敬香祝祷活动。

随着天津民间对天后娘娘信仰的普及以及对出皇会的热衷，办会的规模愈来愈大，致使闽粤会馆无法容纳来自各方朝拜拈香的香客了。无奈之下，便将接驾活动移到地方稍大一些的如意庵举行。因民间有说天后原本是南海观音大士驾前童女，而如意庵正好供奉的是观音菩萨，所以送驾至如意庵最合适。特别是还有人说如意庵供有斗姆娘娘，天后又是斗姆娘娘驾前侍女，自然应在如意庵驻跸。

如意庵坐落在天津城西，后为天津的道观。这里的道士们为了迎合民间已普遍认同的"老娘娘回娘家"这一心理，在如意庵后殿又加塑了一对老年夫妇的雕像，并谓之为天后圣母的双亲，曾一度使如意庵香火极盛。遗憾的是有一年农历三月十六日，民间照例将天后娘娘送驾于如意庵的"娘家"。十七日时，前来进香的香客蜂拥而至，竞相朝拜。由于人员拥挤不堪，至晚间时，香客不慎将蜡烛翻倒引燃了彩绸幔帐，导致一场熊熊大火，火势由前殿一直蔓延到大殿和两旁侧殿。尽管当时各路水会都赶来救火，亦未能挽救其命运，无情的大火使如意庵这座古庙大部分被焚为一片焦土。为什么说大部分呢？因为当时供奉天后娘娘及其随驾的送生娘娘、子孙娘娘、癍疹娘娘、眼光娘娘这五位娘娘的神像及黄轿、宝辇均摆放在中殿，这大火只在中殿外燃烧，竟没有连营中殿，使其完好无损地保留下来，一些躲在轿辇后的妇女和儿童也幸免于难，这在当时不能不说是一大奇迹，至今这个谜也未能解开。

大火虽然没有吞噬掉华丽的辇驾，但使大殿、前殿乃至侧殿中存放的一些出会仪仗执事损失惨重，特别是天后娘娘的神像在大火中不翼而飞，据说为偷盗者所为。因当时民间盛传天后娘娘所佩戴之物皆为上乘珠宝，且其头像为沉香木雕，价值连城，故使不法窃贼动了邪念。加之在大火中也使一些缠足的女香客伤亡颇多，在这种状况下，使皇会元气大伤，从此中断了许多年。

多年之后，皇会又在信徒们热心的操办下重整旗鼓，再展雄姿。只是由于如意庵被焚后无力修复，故将接驾活动迁至千福寺举行。

千福寺最初被称为"云霞观"，为道教场所，由于后来的停庙办学政策，致使天津不少庙宇都改建为学校。这些庙宇中供奉的神像都被迁入云霞观，遂将庙名改为"千福寺"。在天津民间多有将千福寺又称为"千佛寺"的，这是以各庙迁来佛像数量有千佛之多而称之的。由于佛、道神像同居一寺，故使千福寺形成僧、道共同管理的局面。不久，由于僧人力量加强，逐渐代替了道士管理，使千福寺又成为由僧人住持的佛教寺院。这样，接驾活动也就由僧人与潮、建、广三帮客商以及天后宫扫殿会的会员们共同操持了。

接驾会在某种性质上类似扫殿会，只是它所担负的职责和权利仅限于在十六日送驾日这天至十八日接驾至天后宫止。在此期间，还必须与扫殿会保持紧密的联络，听从扫殿会的协调意见。

在十六日送驾日到来之前，接驾会首先要召开各方协调会，确定接驾会总办、秘书、坐办、交际员、设计主任、请会专员、司账、庶务等人选。之后，要贴出黄报，其内容如下：

　　历年三月二十三日，恭贺天后圣母诞辰，庆祝行香，现因繁荣市面，挽救商业起见，仍遵旧章，预于十六日接驾幸闽粤会馆（后改如意庵、千福寺）行宫驻跸，十八日起銮，送驾回宫，届时务请各界诸大善士是时接驾送驾拈香，是幸。谨此布闻。

接驾会同人公启

　　同时，要派出请会专员到各会中请会（虽然扫殿会已有请会会员事先请好各会，但此时还要再去一次），组成迎驾会，被邀请的会主要有邵公庄萃韵吹会、西池八仙老会、道众行香老会、黄绳会、诚议灯社、诚议大乐老会、宫门大乐老会、庚济护棚会、沼济护棚会、公善防险社、妙峰山联合总会茶棚会等等。此外，銮驾仪仗类会包括的门幡老会、太狮老会等也是必不可少的。

　　一般接驾时间为下午两点左右。先由各迎驾会依次进天后宫大殿朝圣（朝圣之后，即出天后宫沿规定路线先至行宫候驾），再由扫殿会、各辇主、天后宫住持、道众等先后上香叩拜，最后由请驾会将五位娘娘圣驾分别升入黄轿、宝辇。此时，要鸣放鞭炮，方能起驾出宫。

　　接驾会这时已在行宫外候驾，安排好接驾之事。交际员随时通报圣驾行至的进度和方位，当通知圣驾已近时，接驾会的会员们便开始在地上铺好苇席，全会人员皆跪地捧高香迎接。负责维持秩序的黄绳会会员则要打道拦人，保障圣驾顺利通过。当圣驾过后，接驾会会员才可起立，随大队之后进入行宫，安排起奏大乐，并将五驾辇轿升坐中殿宝座。接驾会的会长（即会头）要率全体会员上香叩首，然后再举行献戏仪式。西池八仙老会等三道会要在殿内表演有关祝寿的吉祥喜庆节目。至此，接驾仪式方告结束，八方香客、善男信女便开始了按规定时间的进香祭祀、祈祷、庆贺活动。

四、从愿心服务到显示豪华的攀比

在皇会中，无论哪一道会的出会行会，其实最初的愿望都是以酬神、娱神和祈福、劝善为目的。为了表示自己的诚心，各会皆尽己所能，无怨无悔，特别是深为世人推崇的民间公益团体和一些具有明确的还愿目的的会种更是如此。只是到了后来，争风斗富的社会风气造成了皇会中一些会尤其是由富商大贾们出资操办的会彼此争比豪华气派，以此作为他们炫耀财富和家族势力以及比阔斗富的表现方式。

（一）水会、脚行办公益

在皇会中，有一类会是专门为皇会行会提供各项服务的公益性组织，他们是皇会不可缺少的重要组成部分，包括净街会、接香会、梅汤会、叉子会、护棚会、黄绳会、防险会、茶棚会等等，这些会几乎都是由水会、脚行负责兴办的。

　　水会和脚行虽是天津民间的两个不同行业，但由于其成员结构十分相似，且相互间有穿插兼任情形，特别是脚行的前身实际就是水会这样一个历史状况，因而水会和脚行又是两个有着密切联系的行业组织。

　　水会，也叫"水局"、"火会"，亦有称之为"某某会所"的，是天津民间的救火公益组织，大约出现于清康熙年间。据说最早的水会是北门里府署街一带绅商开创的同安会所。从清道光至宣统这80多年间是天津水会发展的全盛时期。当时有水会120余道，每道会都拥有会员数百人，"水具等皆其预备，定时相聚，担水以注于瓮……千百计锣声相应，旌旗烂漫，如云锦，远近繁杂，如密星"①。当时，天津诗人崔旭曾作诗赞扬水会的见义勇为：

　　　　　　结社同防回禄灾，登时扑灭剩残灰。

　　　　　　锣声几道如军令，什伍争先奋勇来。

　　樊文卿亦有《津门小令》：

　　　　　　津门好，

---

① 《天津文史资料选辑》第2期34页。

救火事匆匆，

万面传锣趋似鹜，

千条机水矫如龙，

旗帜望连空。

水会各会组织的名称虽有不同，但大部分都以某字号作为会名的首字或二字，因而具有一定的规律性。如"善"字号的同善首局、永善水局、公善首局等；"盐"字号的盐坨首局、盐坨中局、盐坨西局等；"天"字号的天一水局、天泉水局、天泽水局等。此外，还有"泽"字号、"既"字号、"安"字号、"卫"字号、"济"字号、"公"字号等等。

水会都必须有自己的会所，一般都选择宽敞的房间或大一些的场棚，目的是便于存放灭火器具和开展祭祀及其他公议活动。水会的门前具有明显的职业特征，通常在墙上写有"守望相助，有备无患"等字，大门两侧摆满铜锣、木梆子、水机子、水箭、扁担等灭火工具。水机子也称"水激子"，是水会的主要救火工具。机身为硬木制成，中间是一个大木柜，四周镶铜边，上书有水会会名。木柜上有长三米左右的压杠，通过压杠的上下压力喷出水来。水箭中常年都注满水存放，一是为应付随时发生的火灾，二是为防止水箭本身干裂。现藏于天津民俗博物馆的清同治年间"保安水会"的水机子和有关灭火工具，就是当时十分典型的一种。

水会的成员有着严格的等级之分，管事的被称为"会头"或"会首"、"首事"，救火的叫"武善"，而那些从事出帖、记账并为救火的"武善"筹集犒劳、茶水等服务工的，被称作"文善"。无论会头会首，武善文善，皆以"急公好义、保护邻里、防患御灾"为宗旨，救火"不私分畛域，分疆划界，无论昼夜，弗辞劳苦"①，一方遇警，八方来救，不论远近，就是那些因锅伙儿械斗或把持地面而不相往来的地区，对水会救火也大开"绿灯"，因而民间有"救火解冤仇"的俗语。

在当时，各道水会都有自己一套严格的规章制度，特别体现在救火时忙而不乱。如当发现火情后，在会所值班的人员要敲响大锣、木梆子和号铃（即"崩楞鼓"）报警。所有水会会员都要赶往会所参与救火，须先穿上号衣（一种写有会名的坎肩，穿上它可在火场中表明身份，防止不法之徒混进火场趁火打劫）。这时，会头便要主持"辞火神"的仪式，即向在会所内供奉的火神敬香辞行，祈求保佑，因而也叫"敬

_____

① 《天津文史资料选辑》第 2 期 39 页。

火神"。拜祭完毕，众武善有抬水机子，有挑水筲，各司其职前往火场救火。

天津民间社团组织素来讲究仪礼，水会自然也不例外。如在救火时，一般要根据发生火灾场地与水会的远近关系排列参加灭火的次序，即由远及近。当远会先到而近会未到时，远会不准先入，须在火场外立侍；倘若近会先到后，在救火过程中远会相继来到，近会人则要停止扑救，会员皆让出一条道儿给后面赶来的水会，同时要跪立两侧迎让，不管来多少水会，皆是前者谦让后者。否则，就会不顾火势而发生械斗。当大火被扑灭后，还要敲响大锣，只是节奏缓慢，俗称"缓锣"或"倒锣"，一是告慰附近居民大火已被扑灭，不必担心；二是可通知正在途中赶往火灾场地的水会不必再赶路，火灾已解除。最后，各水会仍按进火场的远近顺序，先远后近依次退去。这种不顾火情大小、片面追求礼让的风俗是不切合实际的，因而在后来连同"辞火神"的仪式被逐渐地废除了。

水会每年都要在农历六月二十三日举行一次"摆会"仪式，据说这一天是火神的生日。各道会皆要将会所布置得红红火火，凡救火工具皆被漆刷一新。会头亲自主持焚香祭祀仪式。由于"摆会"还有一个目的是募集资金，故在"摆会"时多发请帖邀请附近区域内的乡绅富贾参加"摆会"活动。在自己水会会所或饭店安排酒席招待，一般都得百八十桌。那些被邀请的大户们，谁都会出份子资助水会。在"摆会"期间，会头要将一年来水会的各种收支账目用大黄纸写好公布出来，谓之"黄报"。黄报的横楣上写有"神目如电"四个大字，以昭信守，避免会员之间相互猜疑。

水会是一个纯公益性的民间组织，尽管救火都是无偿的，但无论哪家起火，被救之后都要出资酬谢、犒劳救火会员，在当时多以糕点"小八件儿"为犒劳品。由于水会为保一方平安做出了一定贡献，因而受到世人的普遍推崇，而且从皇帝到总督，从府署到县令，以及拥有巨资的商绅大贾，无不对水会大力扶植，如当时的西沽既济水局就是用清乾隆皇帝于乾隆五十八年（1793年）赠赐的银两所建。直隶总督李鸿章也曾为庚济水局题写了"众志成城"的匾额。天津的富商大贾也争先捐款资助承办水会。如盐商武廷豫、查日乾等曾创办了"同善"和"上善"两个水局。天津的"八大家"也都曾给予水会多方面的资助。

清宣统元年（1909年），天津成立了官办的新式消防队。

鉴于天津城市人口稠密，房屋众多，加之水源等诸多问题，民间水会组织仍然发挥着自己特有的作用。直到"七七事变"，天津沦于日伪之手后，约在1938年左右，各处的水会才逐渐解体走向消亡，退出城市发展建设的历史舞台。

水会在天津的历史上不仅是民间的救火公益组织，而且在社会舞台上也扮演着不同的角色。如充任团练甲勇、应付政府的突然急需等，特别是积极参与地方性的公益活动。像皇会中的接香会、护棚会、黄绳会、防险会等，都是由水会承办。

接香会主要负责接住沿途善男信女们向天后娘娘、送生娘娘、子孙娘娘、眼光娘娘，癍疹娘娘敬献的香火。通常伴在这五驾辇前后。当初，办此会之人是因为看到人们将敬神的高香踩在脚下于心不忍，故操办接香会为神当差，为民服务。皇会中的接香会共有三道，分别是老县署接香老会、南门内老接香会、天后宫宫南香锅老会。接香会的会员十分辛苦，烟熏火燎，常常汗流浃背。其使用的工具十分有趣，为长柄大铁勺，柄长二三米，因沿途香客里三层外三层拥挤异常，后面的香客很难靠前，接香会会员就得越过众人将铁勺举起，接住后面香客手中的香火，再置于大铁锅或大香炉内。

尽管他们只是不断重复着接香的简单动作，但所有会员皆尽可能将动作做得潇洒、漂亮、利落，且彼此竞技各显其能，因而又带有一定的表演性，成为皇会队伍中的一大景观。

护棚会主要以防火为职责，除负责天后宫及闽粤会馆、如意庵、千福寺这三处不同时期的接驾地的防火保卫外，还分别负责沿途各商号、看棚、茶棚等处的火患防卫。当时最著名的护棚会有庚济护棚会、沼济护棚会等。

黄绳会主要是负责维持看会秩序，当皇会行会时，黄绳会会员要打道拦人，为皇会队伍清出一条路，保障出会队伍畅通无阻。

图 3　接香会

防险会除肩负救火任务外，还负责防止人员拥挤造成的人身伤害、孩童走失、突发病人等意外事故。较著名的有公善防险会。

脚行是在水会基础上发展起来的搬运行业。天津那时的脚行业十分发达，因为在开埠前，天津地区就已经是一个重要的北方水旱码头，无论河海漕运、盐运，皆以天津为枢纽和口岸。

天津最早的脚行始于清康熙年间官方组办的"四口脚行"。所谓"四口"，就是按照天津四个城门划分地段：东门一带为"东口"，西门一带为"西口"，南门一带为"南口"，北门一带为"北口"。这四个口各按划定的地界，应承"迎官接差"的任务和为商民搬运货物，被称为"官脚行"。不久，由于搬运业务繁忙，同善水局遂将业务转向以搬运为主，改水局为同善局，成为天津第一家私人脚行。天津开埠后，辟出九国租界，迅速成为工商业大都市和北方对外贸易中心，这就更促使运输业兴盛起来。于是，相继有了专门的码头装卸脚行、车站装卸脚行、往来运输脚行、驻厂装卸脚行和专业脚行等不同组织。

脚行的首领叫"把头"，其地位是世袭制。因为不少脚行把头都有前清县衙门颁发的"龙票"凭证，而且还掌握着大部分脚行的股份。这种股份是以一种特制的细长竹牌子来代替，俗称"签"。每天，脚行都要将收入中的大部分分给那些所谓在"签"的。这种签又分为"子孙签"和"绝户签"两种。子孙签可按传子不传女的规矩世代承袭，而绝户签则不可传代。签，既然代表股份，就具有鲜明的经济价值，因而它可以在把头之间买卖、转让、抵押。同时，也导致了以争夺签来作为争夺脚行的一种方式。

说到脚行，不能不提天津的混混儿和青红帮。混混儿，也叫"混星子"、"锅伙儿"等，是天津民间最下层的一种松散的帮会组织。最初出现于渔业。因为当时各河流、湖泊及沿海所产鱼、虾、蟹等水产品都要被运到九河下梢的天津卫，到津之后，他们无权进行自由买卖，必须将所有水产品交给"鱼锅伙儿"这帮人手中，然后，由他们开秤定价，再发售给大小商贩。以后，锅伙儿又从渔业发展至运输业、蔬菜业、粮食业乃至赌场、妓院、人市等处，成为独霸一方的垄断组织。

"锅伙儿"中的领袖叫"寨主"，其余以兄弟相称。锅伙儿之间一言不合，便以刀枪棍棒相见，而且有敌对、协约之分。凡敌对者曰"叉棒"，凡协约而助战者曰"充光棍"。当叉棒相遇时，人少的一方须马上卧地等待对方打，不得还手，此举叫"卖味"。倘若双方都是一个人时,一方动手打另一方时,另一方不得还手,待下次相见时再报一箭之仇,对方亦是不还手,甘愿被打。凡被打者无论被打成什么样,只要不哼一声,便被视为英雄,对方则要停止毒打,要"下"(即臣服之意)。被打者被自己的锅伙儿抬回去,因此而被认为为本帮争光,故以重金供养。但如果在锅伙儿自身地盘中被外帮锅伙儿欺辱,寨主则认为是一种耻辱,便要纠集人员"找场",寻找对方厮打报仇。

所有的混混儿对此皆战时视死如归,被官府逮捕后亦甘刑如饴。据说在清光绪年间,曾有一12岁的小混混儿在锅伙儿械斗中被官方逮住。由于其年纪小,负责审理此案的官员不忍心处罚他,劝其改邪归正,既往不咎,但他却不答应。无奈,便被处以晒刑。尽管他的衣服鞋袜都被太阳晒焦,人也昏昏欲死,当问他后悔否,仍答之否。又被晒了三日,而且不给吃喝,当快要死去时,天降大雨,使其绝处逢生,在雨中仍大笑不止,后来被官方放了出来。

脚行的工人在当时都是赤贫穷汉,全凭一膀子力气赚钱吃饭,人称"耍胳膊根儿的",所以生来就有着一种民不畏死的性格,控制各脚行的脚行头即"把头"便利用他们这种充满荒蛮、野昧的心态，以跳油锅、上铡刀、滚钉板等自残方式为自己的脚行争夺地盘，有不少人逐渐当上了"混混儿"，也有不少混混儿加入了脚行。

青红帮在天津出现的时间为清光绪晚期。青帮，又叫"安青帮"，俗称"在家里"。它的形成是一个历史过程，它是在中国封建社会时代产生的一种原始形式的、在家长制统治下的、由漕运水手逐渐发展起来的一种秘密结社组织。红帮即洪门，关于其起源和发展的历史，民间有许多传说故事，而且一直是史学界众说纷纭的话题。其实，红帮是以"天地会"、"三点会"、"哥老会"等团体形式出现，是一支反清的秘密团体。红帮在天津的势力一直没有扩展起来。相反，青帮则发展很快。

由于河漕的终止，漕运水手连同他们的组织青帮便弃舟登岸，涌入沿海各大都市。因天津当时既是漕运的转输点，又是清代后期开埠以来的特大码头，故而成为青帮们竞相涌入的主要城市，他们很快加入脚行队伍，并与混混儿融为一体，成为脚行的三个组成部分。不少脚行把头参加了青帮，个别的既是青帮，又是红帮。据不完全统计，1950年以前天津约有脚行头子3032人，其中大把头901人，他们当中竟有

422人在青帮。他们凭借自己的所谓实力，多以挥拳持械狠斗为荣，使百姓客商畏之如虎狼蛇蝎。特别是脚行把头所进行的敲诈勒索乃至欺占良家妇女、艺人等罪恶行径，深为世人唾弃。这种黑势力曾控制了天津下层社会达二三十年之久。在当时，为了免受恶势力的欺压，不少人曾幻想只要加入青帮就能得到帮助，故纷纷加入青帮。那时，凡加入青帮的，每人都有一个写有本人姓名、住址、"香头多高"（即辈数）、帮派名称、师傅姓名以及帮规等内容和条款的折子，被称作"海底"或"通草"。这帮人的盲目入帮，无疑为青帮在津的发展起到了推波助澜的作用。

当然，脚行也有注意维护自己的形象的，当中也不乏乐行善事之人，如办水会、办粥厂、协助出皇会等，还有人好打抱不平、善为人排解纠纷，如赫赫有名的"津门大侠"霍元甲就是大脚行的把头。

脚行在皇会中主要承办了净街会、梅汤会、叉子会、请驾会等。参加这一庄严的活动时，他们都是毕恭毕敬，极讲礼貌、和善。

净街会是专门为清除街道道路障碍而成立的，在皇会中只有一道，即"盐坨六局净街老会"。盐坨六局是搬运盐地盐包的脚行组织，当时进津的盐包几乎全都由他们的装卸工负责起卸。同时，盐坨六局又是兼有水局业务的公益团体，当时的主办人刘建勋为解决受水灾破坏而凹凸不平的街道问题，号召盐商们出资于清同治十三年（1874 年）承办了净街会，清整修复道路，以保障皇会的顺利进行。他们还将净街视为善举，可驱邪、净路、迎神。尽管他们没有表演，但由于其会员服饰整齐，无论肩负扫帚、铁锹、水筲，还是手执喷壶，都沉稳庄重，特别是行进在皇会队伍的最前头，因而亦不失壮观。

图 4　净街会

梅汤会是为参加皇会的人们提供饮品的公益团体。会员要事先将红糖、桂花、熟乌梅等用开水冲开、泡好，盛在筲里，由会员挑着行进在皇会队伍中。人们谁渴谁喝，会员随时添加，服务极其周到，深受世人称赞。

叉子会实际上是服务于由盐纲公所出资兴办的抬阁会的，其八架抬阁因过于高大，在过城门、楼阁时都要放下来，如进天后宫挂号、敬神、过张仙阁、进城门楼、过鼓楼、出城门楼等，都得靠"叉子会作活"[1]，以协助抬阁会搬抬阁。

除上述水会、脚行所办公益性会外，还有一种由各大商号及百姓捐资的茶棚会，为参加皇会的人们提供茶水、点心和休息场所。最著名的有妙峰山联合总会茶棚会。此外，各大户人家为方便看会而临时搭制的看棚，亦向会上的人施茶水、点心，扮演着茶棚会的角色。

（二）巡风、顶马还心愿

在皇会的行会队伍中，有一类会种格外惹人耳目，该会虽无任何特定的表演项目，但会的规模、道具、服饰皆属上乘，无不以精美豪华而备受关注，这就是由各家自己出资承办的愿心会。愿心会的主家多是津门富户，他们办此类会的目的一是为了祈求神灵保佑而许愿，这种祈祷常带有一定的

_____

[1] 《天津天后宫皇会行会图》。

目的性，如为某件事而许愿，或为家中父母、子女及自己而祷告，同时伴有将来酬神的方式方法；二是为了答谢天后娘娘的护救而进行还愿的，如"积善堂"顶马会就是因为自家的运粮船在海上遇到风浪幸免于难，认为多亏天后娘娘"搭救"，主家当时就许愿让儿子亲自参加出顶马会谢恩。在这部分人中，最突出的是为了了却自己曾为儿女顺利出天花而许下的心愿，出会时多由自家儿女亲自参加，男童出的叫"顶马会"，女童出的叫"巡风会"。此外，还有稍大一些儿童出的花瓶会、灯亭会等，都是以祈福还愿为目的而承办的会。体现了天津民间对天后娘娘及其化身痘疹神的崇信和当时人们对痘疹疾病的恐惧。

痘疹是一种传染性疾病，包括水痘和麻疹（俗称"疹子"或"天花"），通常在婴幼儿时期发病，天津民间俗称"当差"，在科学技术不发达，医药条件落后的情况下死亡率极高，曾被视为儿童成长过程中的一个重要关口。人们面对痘疹，除了竭尽力量去医治外，就是向天后娘娘祈祷，虔诚地许下宏愿，到小儿平安脱险后，再进行酬神还愿"谢奶奶"。

前面我们已经谈过，天津天后宫曾是天津民间诸神的荟萃之地，一度供奉过包括佛、道、仙在内的一百多位神灵，是天津民间多神信仰的典型例证。在这一百多位神灵中，有好几位是专门主司民间痘疹疾病的神灵，他们都被看作是天后娘娘的化身，或是服务于天后娘娘，属其手下的仙班。他们的任务就是帮助天后娘娘拯救患有痘疹之疾的儿童，民间说法是"为天后娘娘分劳"。这些神灵包括瘢疹娘娘、痘疹娘娘、报事灵童、挑水哥哥、送浆哥哥、挠司大人、散行痘疹童子、散行天花仙女、施药仙官等等。他们虽都属痘疹之神，但各自掌握的职权不同，其形象也各具特色。

如瘢疹娘娘，左手持一形如莲蓬的物体，上面刻有许多斑点，以此代表天花。

报事灵童也称"报事童子"，民间赋予他的职责是向人们通报有关天花的信息，故将其装扮成头戴紫金冠，身穿银红缎袍，外罩蓝缎大氅，项垂金锁，珍珠领围，手拿令旗，一副美丽可爱的小童子形象。

挑水哥哥的形象则极为普通，穿着十分简朴，呈头戴斗笠的水夫形象，身前放有一副扁担、两个水筲。天津民间关于挑水哥哥的传说很多，有的说他是帮助人们进财水的财神。这种说法与天津民间在农历正月初二敬财神的习俗密切相关。

旧时每值农历正月初二，天蒙蒙亮时，天津的街头巷尾就有水夫（当时居民吃水全靠水夫挨家挑送）挑着柴火和水箸挨家挨户送，柴火用红绸带扎系成捆，上贴红纸条，书有"真正大金条"墨字。因"柴"与"财"谐音，故此举称为送财水，是天津民间新年祈福的一种方式。至今，天后宫中仍供有挑水哥哥的神像，时常有香客和游客去触摸其水箸，以祈盼财运滚滚而来。另外，还有人说挑水哥哥是曾经在天后宫服役帮助修庙的人，由于有功德，受到人们的敬仰。然而，当时更多的传说则仍是与痘疹有关，说挑水哥哥可以用挑来的神水帮助患儿浇天花，使其尽快痊愈。

挠司大人是由三个神像组成，统称"挠三大爷"。在他们跟前立有三条黑狗，民间认为挠三大爷是帮助患儿挠痒痒的，而黑狗可以用舌头舔去痘疹，解除患儿之痒……

由于天津民间对天后娘娘以及为其分劳的各位神灵十分虔信，故关于她们灵迹的传说亦越来越多。

1996 年底，我去老城采风，一位 82 岁高龄的王姓老人给我讲述了这样一个传说故事：

城里（指天津老城）有一大户人家的千金小姐在五岁时患上天花，发烧数日也不曾出花见苗，生命垂危。这位小姐的老祖母心疼孙女儿，唯恐其遭不测，于是每天早晚两次到天后宫烧香求神，祷告天后娘娘保佑。不仅如此，回到家后也是不分昼夜地拈香许愿。到第四天时，小姐的身上就出了近二成的瘢花，于是家里人又赶紧请来大夫，开了一些中药煎服。第五天一早，老祖母又在自家佛堂烧香，并许下愿望，说若孙女儿花全出齐，定在皇会行会时出巡风会报答娘娘圣恩。就在这天晚上，熬了好几夜的仆人们也疲惫得打起盹来。约到四更天时，忽见一老太太和一小姐走进屋来，对他们说："你家长辈因苦苦求救其小孙女儿，感动了天后娘娘，她老人家差我们来收回风气，换神苗，让其出好花。凡人你等给她服药是不行的，这么小的孩子，怎么能喝下这些草药苦水，今后你们就不必给她煎服了，我们今天来这就全有了。"话音刚落，这一老一小就不见了。被惊呆的仆人没等天亮，就将主人全家唤醒，报告了晚间发生的事情。老祖母见多识广，说这是跑道的奶奶和换花的姐姐受娘娘之命来搭救小孙女儿了。果然，不出几日，小姐身上的花出足壮，按时掉痂，喜得这家人赶紧张罗，派人先去扎彩作备置全套扎彩赴天后宫"谢奶奶"，然后又出资置办轿辇、执事等家什，为出巡风会还愿做充分准备。从此以后，出巡风会作为祈福还愿的习俗便传播开了。

"谢奶奶"也是天津民间还愿的习俗之一，通常在小儿出天花后第12天疮痂脱落之日（或另选吉日）举行。在此之前，要提前准备好两件事。一是到扎彩作置办扎彩；二是到专门的香烛纸马店请来天后娘娘、送生娘娘、子孙娘娘、眼光娘娘、瘢疹娘娘的神码（俗称"娘娘纸"）供在香案上。"谢奶奶"这一天，先要将在扎彩作置办的扎彩陈列在香案两侧，在五位娘娘的神码前摆上供品，点燃香烛，叩拜致谢。然后，将神码连同扎彩一并焚化。扎彩有全副、半副、一角之分，各家要根据家中经济能力自行选定。

所谓扎彩，是一种用竹子、彩纸裱糊扎制的造型艺术，它可以根据习俗惯制扎制各式各样的扎彩制品。"谢奶奶"所用的扎彩是仿照天后宫所供有关主司子嗣天花各神及其衣履、冠带、舆辇、仪仗及其使用的器物扎制的。全副扎彩包括天后、送生、子孙、眼光、瘢疹、千子、百子、引母、乳母、耳光共十位娘娘及散行天花仙女、散行痘疹童子、施药仙官、送浆哥哥、挠三大爷和他的黑狗、挑水哥哥、报事灵童等神像；上述十位娘娘的服装、佩饰及辇轿、銮驾等仪仗执事；二至四盆纸花盆及挠三大爷的痒痒挠、挑水哥哥的水筲等。半副扎彩要减去十位娘娘的轿辇和仪仗。而一角则是指去掉娘娘们的服装佩饰。一般情况下，即使生活不富裕的人家还愿时，也要扎半副扎彩，这其中少不得花盆、报事童子和挑水哥哥。因此，在清代后期举办皇会时，还愿会中除巡风会、顶马会之外，花瓶会、报事童子会亦是不能缺少的会种。

皇会中的愿心类会其实还存在着一个不容忽视的举办意义，即劝善。如报事灵童圣会和海屋添筹灯亭圣会等，都是以民间传说故事为依托，宣扬积德行善修好、善有善报、恶有恶报的因果报应思想。

报事灵童圣会成立于清光绪元年（1875年），既是为庆贺新君登基，也是为歌颂痘疹之神报事灵童而创办的劝善会。这道会与抬阁会相似，都是在台座上做出一定造型。报事灵童的扮演者是这道会的主角，其被打扮成《红楼梦》中贾宝玉的形象，端坐在铺有大红绣花贡缎椅垫的硬木椅子上，由四人抬着行进。周围簇拥着24位手执杏黄色令旗的会员。因其负有通报信息之责，故在后来皇会行会中被排在净街会后，可称作行会表演之首。这道会歌颂的报事灵童被认为是余德。余德是商纣王大将余化龙的小儿子，天津民间对他的传说最多的是武王伐纣时余德大显身手播布痘疹之瘟的故事。

周武王率姜太公等众将士讨伐商纣行至潼关时，遇到了潼关守将余化龙及其子余达、余兆、余光、余先和将士们的阻击，姜太公指挥苏全忠、武吉、邓秀、武成王等分别与余家父子展开了激烈的搏斗，双方众将士也纷纷奋勇助战，大有"两阵擂破花腔鼓，征驹荡破紫金铃"之势，一时杀得天昏地暗，令"空中飞鸟摩双翅，走兽山中闭二睛"，胜负难分。这场面，使老将余化龙极为恼怒，他一抖缰绳手提吹毛刃向姜太公斩来。在这关键时刻，哪吒两脚蹬开风火轮，使出绝技，用乾坤圈将余化龙的左臂打断，差点使其掉下马来。再说他的四个儿子见父亲带伤败下阵来，也不敢再恋战，匆匆败进城去。进得屋内，余化龙赶紧包扎伤臂，由于疼痛难忍，一直折腾一夜。第二天，他的五子也就是最小的儿子余德回来了，这小子有点本事，他先走到软榻前查看了父亲的病情，然后取出丹药敷上，其父立刻就不疼了。安顿完父亲歇息，这余德就寻思开对付周武王的办法。转过天来，余德有了妙计，他找到四位兄长说："咱兄弟五人这会儿先去沐浴净身，之后，你们随我实施一计，管叫周兵周将七日之内化作荒郊之鬼！"这几个兄弟一听，个个欢天喜地，连忙回去准备去了。约莫到夜里二更天时，余德开始实施他的计谋。他先取出黑黄赤青白五色绫帕铺在地上，又拿出五张小斗分给兄长每人一张，斗内装满花红豆，他又让兄长们与他一起，各自站在一块绫帕上，然后开始作法。只一会儿的工夫，便听得呼呼声响，西北风乱刮起来，连刮三阵后，只见那五张绫帕化作五彩祥云悠悠荡荡地飘向天空，又如飞箭似的向周营奔去。

到了周营上空，余德五兄弟按东西南北中分列五方，把自己手中的花豆抓出来，向周营驻地抛洒下来，一直到四更时分才将花豆洒净，返回城中。

再说这周营将士自打这时起，除杨戬、哪吒外，个个头晕目眩、心烧胸闷、浑身的骨节疼痛难忍，发起高烧来。连续三天，所有人的身上都长出了痘疹。五六天的时候，那身上又变了颜色，周武王和姜太公身上都成了黑色的，而其余的将士也都黑的白的黄的红的各色各样。

这时，余化龙父子六人走上城楼，看到周营这边旗幡无人展，烟火全无静悄悄，个个喜得不得了。余化龙打算马上杀到周营去，被儿子余德劝住，说不等明日，周兵一定命丧黄泉，于是便放心回营静等周营全军覆没。

可是他们哪知周营里还有杨戬和哪吒并没中毒，这二位见武王、太公病情加重，全营将士生命垂危，十分焦急。正打算去找自己的师傅寻求对策，忽听空中似有鹤唳之声，黄龙真人和玉鼎真人从天而至，当他们查看完病情后，吩咐杨戬到火云洞求告二皇圣祖，请他给予丹药，方可搭救落难的生灵。这杨戬火速赶到火云洞，领回三粒仙丹和一些柴胡草。二位真人将其中两粒分别治好武王和太公，将最后一粒用水化开，分发给众将士，不消一刻，众人的病全都好了。

再说余化龙父子等到第九天时，认定周营里的人全都死尽，打算再到城楼上看一看，核实情况后好向朝廷汇报。当父子六人骑马来到城楼上一看，吓了一跳。只见周营中人欢马叫，旌旗飞舞，士兵正在操练，充满生机。这余德沉思片刻说："我所做的法术是玄妙之法，乃百发百中。今天他们死而复生，一定有神人相助。我们应该趁他们身上的毒气未完全消尽之时，杀进周营，打他个措手不及。"余化龙认为儿子说得在理，于是便率众兵直奔周营杀来。

哪曾想到，这周营个个已摩拳擦掌，斗志旺盛，与之兵对兵将对将打成一团。余德见状，忙要作法助战，被杨戬手起一扇，化作一阵黑烟，死于非命。这边雷震子又一棍子将余先的脑浆打出；哪吒用九龙神火罩将余光罩住，烧成灰烬；余兆、余达分别死在李靖、哪吒的刀、剑下。余化龙见自己的五个爱子都已阵亡，悲痛欲绝，拔剑自刎。他的众将士见主帅已去，个个丢盔卸甲，仓皇而逃。周兵乘胜追击，很快便拿下了潼关城。

当姜太公帮助武王灭纣之后，便开始封神。因感念余化龙一家忠勇，遂将其父子一并封为掌人间时症之神。他的五子余德自然成为掌五方痘疹的正神。天津民间将他的名字与世俗观念结合起来，认为余德就是留德、积德。像儿女出痘疹之事，能否顺利，活与不活，全凭其父母祖辈上余德不余德。此外，天津民间还有一种把这兄弟五人分别视为报事灵童哥哥、痘儿哥哥、水夫哥哥、臭汗哥哥、捧魂哥哥的说法。说大哥余达为报事灵童，专门负责向民间通报痘疹病毒发病情况；二哥余兆为痘儿哥哥，专门负责出水痘之事；三哥余光为水夫哥哥，负责用浆水浇天花；四哥余先为臭汗哥哥，为患儿送来臭汗，以保住性命；老五余德为捧魂哥哥，他送魂入窍，使人生还，因而是最重要的神灵之一。由此，将患儿能否成活看成是靠余德送魂入窍所致。所以，又引申为只要留下功德，积善德，就可为子孙后代造福。这也是后来人们创办报事灵童圣会这一劝善会的初衷。

可见，天津民间对痘疹之神的创造远远超过了姜太公。

像普善花童圣会竞创造了 11 位为娘娘分劳的"哥哥"形象，即报事、水夫、提花、散花、熏花、捂花、浇花、接花、回花、收花、换花哥哥。

据史书记载，天津一鲍氏（名鲍超）的后人曾第一个饰演过报事灵童，当时最引人注目的是其身上所佩戴的价值连城的金银珠宝，可谓辉耀遐迩。特别是其冠上镶嵌的珍珠，大如鹅卵石，价值三万两黄金。另外，其胸前所佩钻石堆集而成的"福"字，有手掌般大小，其耗资之大，可想而知。由于其豪华程度非一般家族所比，故曾引起偷盗之人的垂青。据说在皇会行会的第二天，冠上的珍珠就不翼而飞。当时民间曾传闻为北京来津的所谓巨手所为，天津府衙因考虑其弟子众多，恐其报复而未敢捕之。

报事灵童会的成立迎合了老百姓祈福求顺、避邪禳灾的心理需求，因而不少人家都将参加此会作为还愿、许愿的一种方式。不管家里谁生病了，还是有其他灾祸，都希望能通过让家中的小儿扮演报事灵童来趋吉增寿。当然，还有一个目的是希望小儿"附入会中，所为引人注意，藉便上闻，封官赐爵，正属易易"。

另外，还有道童花瓶会，由数名儿童手托花瓶，瓶中插满纸做的草花。操办此会的主家也是为天花之事而还愿，并在随驾出巡中宣扬一种消极的劝世思想，如"人家命好别生气，人家吃好茶饭、穿好衣服别生气，人家养活好儿孙别生气，人家盖修好房屋别生气"①。同时，还有所谓生来是贵人体，才穿贵人衣；生来长贵人齿，才吃贵人食的宿命思想。

皇会中每道愿心会，都蕴含着丰富的吉祥寓意、人生哲理和故事传说。同时也以华贵精美的执事、设摆、道具、服饰而成为皇会行会队伍中的佼佼者。除前面已介绍的几道会之外，海屋添筹灯亭圣会可以说亦是较典型的集仪仗设摆、劝善修好、还愿祈福为一体的一道报恩圣会。这道会的会名源于一个流传于天津民间的传说故事。

说从前渤海里有一蛤蜊大帅，得道修炼，日久年深，能转人形，修成执帅后与龙神当差应役。它能吞吐天地之仙气，故常在海中玩耍，将仙气化作楼台殿阁房舍，形如海市蜃楼。有一天，它正在随心所欲地吐吞空中气雾，空中忽然飞来一群乏惫的大鸟。大鸟见海中有楼台殿阁，便在头鸟的带领下全都落下来歇息。这蛤蜊大帅见如此多的大鸟落在它显化的

---

① 《天津天后宫皇会行会图》。

楼阁上，心中好不欢喜，遂将仙气慢慢地往口内吸，直至这一群大鸟全被吃光，这回可解了大馋。从此，它便常常放雾，显化楼台殿阁迷惑群鸟，为自己饱餐。

这一天，有一只仙鹤飞来，远远看见海面浓雾迷蒙，又有楼台仙阁。这仙鹤是有灵性的，通晓仙道，它一眼就识破了蛤蜊大帅的计谋。于是，将计就计，先从海边衔来一支干柴棒，然后飞落到被浓雾包围着的殿阁上。再说这蛤蜊大帅不识仙鹤，更不知仙鹤的本领如何之大。它仍像以往食群鸟一样大口吸气，当将仙鹤快吸到口时，这个仙鹤将干柴棒一下子支在蛤蜊的口中，蛤蜊的两扇夹皮壳便并不上了，仙鹤嘴长，便随意吃起蛤蜊肉来了，越吃越香，直至将这蛤蜊的肉全部吃净，只剩下两扇空壳皮。从此，仙鹤便成为长寿鸟，成为人间寓意长寿的吉祥物。

在天津民间兴办的众多的愿心会中，以美丽的传说故事或以自己遇难后又转危为安的事件为依托，以豪华精美的道具为表现手段的会还有很多，应该说，这些会及其表现形式是天津人民崇尚天后济世救人高贵品德的精神追求和对美好生活向往的一种完美结合。

（三）争奇斗富看銮驾

銮，是一种铃铛。銮驾常被释为缀有铃铛的车，进而引申为是古代皇帝乘坐的车辇。天津民间多将用于帝王出巡时警戒队伍的105件用具统称为"銮驾"或"卤簿"。约在宋代以后，随着皇后的使用，銮驾又成为陪伴女神们所使用的仪仗执事。清末，封建等级制度松弛，天津民间不少富商大户也常在家中的祭祀、婚、丧等大礼中使用，但最多也不过十件八件，包括金瓜（立瓜、卧瓜）、钺斧、朝天蹬、抓笔、蟠龙棍、提炉、灯、节（代表皇权）等等。

我们这里讲的銮驾，是一个大的概念，是依照敕封天后应有制度的一切仪仗执事。也就是说，除了标志着天后出巡使用的警戒执事外，还包括为其开路的各种仪仗队组织。主要有门幡、太狮、灵官、鲜花灯亭、华盖宝伞、宝鼎、香塔、銮驾、护驾、请驾等。这些会都是盐、粮、钱商们出资承办，他们彼此攀比，争风斗富，在民间留下许多趣闻逸事。

下面介绍的这个銮驾会，只是上述仪仗执事队伍中的一种。

最初皇会行会中，伴驾于天后圣母及送生娘娘、子孙娘娘、眼光娘娘、瘢疹娘娘辇驾前后的只有一道銮驾会，这是由天津河东一带从事杂粮业的商人出资筹办，取会名"善念銮驾会"。当时有会员80余人，出会时各执掌金瓜、钺斧、朝天镫、蟠龙棍以及戟、"八宝"枪、会旗、会灯、会幡等各式执事。

民国时期，津门富户东门里的赫赫堂李宅又愿心捐资置办起"赫赫堂銮驾会"，将行会所掌执事增加到21种近50余件，其中包括：小锣一面、大锣一对、高照（长柄圆形大灯）四个、软对（长方形丝绒或绸布面料上镶对联）一副、硬对（长方形木框镶玻璃对联）一副、蟠龙棍一对、立瓜一对、躺瓜一对、钺斧一对、朝天镫一对、八宝枪（即含有：云、罗、伞、盖、花、冠、鱼、长"八种佛法意义的八宝造型）一套、龙扇一对、龙凤扇一对、孔雀凤扇一对、灯牌（长方形木框镶玻璃"牌子式"灯，两面玻璃上书有五位娘娘法号，如"送生娘娘随胎送生变化元君"、"瘢疹娘娘回生元君"、"子孙娘娘保生元君"、"眼光娘娘明目元君"、"天后圣母明著元君"等）五对，茶炊子（原为肩挑提盒走街串巷卖豆腐脑小贩的称谓。皇会中各道会将此借用，特指为会员休息时准备的盛放茶食点心之类食品和茶壶、茶碗的提盒挑子）两对、提炉一对、盘炉一对、纱灯一对、歪脖伞一对。

　　皇会发展到后来鼎盛时期时，銮驾的配置又溶入天津民间的习俗惯制，将若干执事配成套，分别安排在五位娘娘的辇驾前随驾护圣。如香谱绒幡10把算一道，宝炬灯扇20把算一道，书有娘娘圣讳名号的八尺牛角灯五对一道，绣龙绣花灯罩日罩20把一道。

图5　天后圣母所戴圭与凤冠

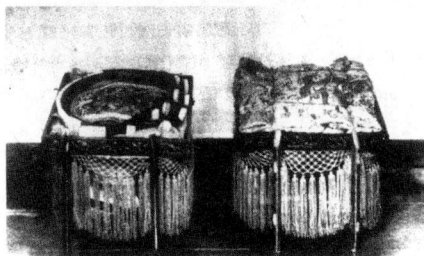

图6　天后圣母的袍裙玉带

图7　天后圣母出巡所乘之华辇及銮驾

在銮驾会中，特别值得一书的还有一道会，即有"半副銮驾"之称的法鼓会。由于法鼓会又属于文玩意儿，因此，这里仅从它的銮驾会特征进行介绍，至于它的鼓乐表演内容则在文玩意儿中再做详尽的介绍。

法鼓会的銮驾作用主要体现在道具的精美、丰富和华贵。其道具主要有会灯、会旗、会幡、茶炊子、样筲、茶筲、八方盒子、圆笼、幡杖、软对、硬对以及引锣、香袋等。

会灯有五种，即九莲灯、气死风灯、高照、灯挑、灯牌。九莲灯是由九个白色牛角灯组成的，灯上书有会名。此种灯有灯座和灯架（多在座会设摆时使用）。气死风灯实际是一个圆形白纸灯笼悬挂在三个竹片做成的三足鼎立状灯架里。虽是纸糊的灯笼，但风却不易吹灭它，故得"气死风灯"之名。

高照是长柄圆形牛角灯，顶部和灯下柄部一部分装饰着木雕图案。灯挑则是一种短柄用手挑着的长圆形灯笼。灯牌是一长木柄上托有一长方形木雕花边灯，四周糊白纸（后期改玻璃），上面书会名。其形状像木牌，故称灯牌。

会旗有长方形的大纛旗、三角形的门旗以及短柄长方形小手旗三种。

茶炊子亦是一套十分漂亮的道具。它既是一种仪仗，也是一个实用品，形状有点像宫灯，有软、硬之分。软茶炊的底座糊白纸，里面可点燃蜡烛，座上四面安置木雕图案的花边，中间置放茶壶、茶碗，边上还装饰牛角灯。硬茶炊的装饰性更强，木雕饰物更精致。底座四周早期仍是糊白纸，到后来改装玻璃，里面也点燃灯烛。

样筲都是通身木雕，上装饰牛角红穗灯，亦有软、硬之分。

茶筲与样筲有所不同的是它不是通身木雕，只是筲身和筲盖为木雕，均黑漆描金。其软、硬的区别在于软茶筲的木雕较浅。

八方盒子也称"点心盒子"，因其为八角形，故得此称。八方盒子为木制，黑大漆，上绘有描金四鲜纹样和会名。

软对和硬对是法鼓会执事中较有特色的。早期的区别是软对顶部为龙头形木杆挑着一个木雕装饰，下面悬有丝绒或绸缎镶嵌的对心。对心下又是一块木雕装饰，然后才是木柄。对心上书有对联。硬对的顶部为木雕对顶，其他均与软对相同。只是后来发展为硬对的对心为木雕镶嵌玻璃框式。

最有特色的是软、硬对上的对联和会幡。

对联是以歌颂天后圣母功德、宣扬佛教思想、教化世人行善修好等为主要内容，其中隐含着各道会的会名，因而也称"会联"。各道法鼓会的对联各不相同，但都是冠顶式。如广音法鼓老会的"广大灵应天后圣母"，"音求长显碧霞元君"；金音法鼓老会的"金身成圣瀛海救苦难"，"音云毫光随不感念香"；和音法鼓圣会的"和善缘秉志承圣宗保佑"，"音德道天晏知神目如电"；雅音法鼓圣会的"雅道如与法千真传修善"，"音律吉祥鼓万化世上人"；津音法鼓圣会的"津心客意修善求盛世"，"音德为本教化凡间人"；香斗法鼓老会的"香烟燎馀座法欢喜鼓显灵保泰安"，"斗牛起祥云鼓乐声音捧圣赐福禄"以及洪音法鼓圣会的"洪尘普渡长显威灵有求必应"，"音渡群生早登苦海彼岸学好"；庆音法鼓老会的"庆寿无疆显佑渡化群生登上彼岸"，"音香烟善心志广积福田神来护赞"等等，都是较典型的法鼓会会联。

幡杖也是法鼓会各显其能的一种表现形式，大多是到著名的扎彩作坊定制，造型别致，富丽豪华。如广音法鼓老会的连盏花篮串灯幡杖，由数个小圆灯组合而成花篮造型，四周镶有鲜花，格外漂亮雅致。金音法鼓老会的祥福莲座八宝幡杖更是精巧别致，其顶部是一个圆形小灯，下面幡杖的弯勾处吊有一呈飞翔造型的蝙蝠，蝙蝠的口、双翅各缀一小蝙蝠托圆形灯，在它们的下面是呈菱形摆放的四个小蝙蝠托圆形灯，最底部是一莲花座八宝形灯。其设计体现了扎彩艺人的独具匠心。太平法鼓圣会的福寿吉祥幡杖，不仅造型独特，而且寓意丰富。其顶部弯勾处吊有一蝙蝠，蝙蝠口中衔有一花瓶，瓶中插有三支箭戟，两侧翅膀各吊一寿字形灯牌，瓶底部缀有两条鱼，最下端是一菱形带流苏灯座。这种造型设计巧妙地运用蝙蝠、瓶、戟、寿、鱼的谐音，进行组合，赋予其"福寿平安吉祥长寿富裕"以及"平升三级"的丰富内涵，表达了人们对美好生活的追求和向往。

法鼓会的精美仪仗及其表演时所特有的巨大声势，无不显示出天后圣母的伟大气魄和神威。那时，人们认为如果少了法鼓，仪仗队就仿佛少了一半的气势，因而将其冠之以

"半副銮驾"的美誉，列为伴驾于娘娘们左右的仪仗队，是有一定道理的。

除上述几道銮驾外，皇会行会还有一个庄严壮观、气势恢宏的仪仗队伍。由钱商公会出资兴办的庆祝门幡老会、潮建广三帮客商举办的针市街公议太狮圣会、拴马桩的云照灵官老会、长顺华盖宝伞圣会、侯家后的公议日罩老会、陈设宝鼎圣会、德照灯亭圣会、同照灯亭圣会、香斗圣会、众花匠组织的花神庙鲜花灯亭圣会、西大药王庙前的德庆鲜花会，以及公献提炉灯亭老会、运署护圣老会等等，都是肩负护佑天后娘娘等五位娘娘的仪仗队组织（将众多的陈设会包容在内）。

门幡

门幡会只有一道，即庆祝门幡老会，成立于清康熙四年(1665 年)，为当时的钱商出资兴办。它是皇会行会中带有标志性和导引性质的一道会。门幡在行进中用两架台座抬着，象征着天后宫前的那两根大幡杆。台座的底座是一个长、宽、高都在一米左右的正方形木座，四面绘有花鸟图案。木座四边竖立有 20 厘米高的木雕花边，四角配有圆形灯饰。木座中间竖立一根约一丈六尺高的红漆桅杆，上端缀有龙头形横棍，黄色绸布或丝绒料制成的长幡旗系在中间，上面镶有用黑绒布写成的天后圣母受封法号"敕封护国庇民显神赞顺垂佑瀛壖天后圣母明著元君宝幡"24个大字。在它的两侧各悬有三面黄绸布小幡旗，上面绣着蓝色的四季花朵。一到晚间，这大幡旗和小幡旗都要被换成大串灯和小串灯，大串灯上亦写着天后受封的封号。每架台座都由八个人抬着，而且在木座上还得坐着一位负责调整系幡旗绳子的人，这个人必须是已有武职功名，身着袍套靴帽，官气十足。其余会员们则个个身穿青号衣、黄坎肩，除抬门幡台座的人外，每人都手举短柄黄色会旗，依次排列。门幡老会气势磅礴，人们从很远便能看到，只要门幡一出现，人们便知道已经开始出皇会了。因此说，门幡老会是皇会出会的标志，被誉为皇会的"头"。

太狮

太狮会也只有一道，名"公议太狮老会"。公议太狮老会是皇会中必不可少的一道会，象征着天后宫前殿前的两个石狮子，是一种带有庙宇标志的仪仗会，同时借用我国传统观念中狮子的吉祥寓意，起避邪、净路、驱祟的作用。

太狮会中的两个狮子为木刻，高约二米，彩绘贴金，色彩绚丽，颇为壮观。每个狮子由八人用台座抬着行进。台座与门幡台座的高度、宽度和长度都差不多，四周绘有花卉图案。台座上四周亦立有约 20 厘米高的木雕红漆花边，四角饰有圆形灯饰。最有特色的是狮子托灯亭造型，呈狮子口吐仙气，仙气缥缈化作祥云，云上托有一近三米高的双层仙境灯亭，灯亭四周饰有流苏灯彩，其工艺之精湛、造型之独特无不令人叫绝。

鲜花灯亭

鲜花灯亭是鲜花和灯亭的组合。这种合二为一的会只有花神庙鲜花灯亭圣会一道，大约成立于清乾隆、嘉庆年间，由八抬名贵鲜花、一抬鲜花灯亭及一对鲜花对联、百余位会员组成。这是西头芥园花神庙后多家花厂的花匠们集资操办。由于所出鲜花大都是非应季花草，因而十分珍贵。且鲜花会以天后圣母花园之神花为象征，故被列为皇会行会随驾中必不可少的一道仪仗会。

皇会行会中的八抬鲜花均用台座抬着，台座与前述门幡及太狮两会所用台座相似。每架台座放有三盆花草，一盆大，两盆小，大盆为主花，小盆为配花。花盆亦都是统一的敞口花瓷盆。第一抬鲜花是以正月开的茶花为主花，配葵花和竹枝花；第二抬用正月开的牡丹花配刺梅花和望杏花；第三抬是四月开的芍药花配仙人掌和蒋荬腊花；第四抬是应季的春海棠配兰花和铁树；第五抬为腊月开的梅花配樱桃花和月季花；第六抬是佛手花配芙蓉花和百合花；第七抬是蔚棠花配狗奶子花和水仙花；第八抬为碧桃花配月季花和南串草。

鲜花对联是用松柏枝和茉莉花扎制而成的，对联四周和底衬为松柏枝，使茉莉花组成的字更显得鲜艳、靓丽。

鲜花灯亭是这道会的压阵大座，灯亭也是用松柏枝和茉莉花扎制，四周装饰流苏灯彩。灯亭下为六角形木制彩绘台座，台座四周立有圆形灯饰。

天津民间历来十分喜爱养花弄草，特别是在旧时居住的四合院中，几乎家家都得有几盆像样的花草作为点缀，因而鲜花灯亭圣会一出会就受到人们的普遍欢迎，其中那些名贵鲜花，更为妇女们所钟爱，常被她们围得水泄不通。而色彩艳丽的鲜花与身着盛装、略施粉黛的妇女相映生辉，成为一组组人潮涌动的花海，成为皇会又一诱人的景观，引得不少人驻足观望。

皇会中还有许多鲜花会和灯亭会，其造型及精美程度各具特色，令人无不为之倾倒。因篇幅所限，就不一一介绍了。

华盖宝伞

华盖宝伞亦只有长顺华盖宝伞老会一道，是由天津芦长顺号南味果品商行公议筹办的，这是皇会行会中人员规模较大的一道仪仗会，有会员近600余人，仅掌宝伞者就有300多人，其中既有京津两地置办宝伞的王公贵族，也有亲手缝制宝伞的津沽著名的工匠艺人（包括绣花作、包镶拧绢作、成衣作、油漆作、彩画作、角灯作等作坊的师傅们）。因此，宝伞会是人员结构最庞杂的一道会。

芦长顺号多年从事南味果品鲜货买卖，当时京城所需物品大多由运河运至天津后再转运他处，因而芦长顺号所贩运的果品除在天津当地销售外，还供应京城特别是王公贵族们享用，由此结识了他们。当行中大家公议出资办华盖宝伞会时，便首先想到了这些大户。据说他们曾请了和亲王和仪亲王两位王爷操持此会，并派专人拿名帖和执单到京城，促使京城的公伯王侯、太子太妃、贝子贝勒乃至内务府、六部、十三科道的大人物们无一不慷慨解囊。此外，天津本地的一些达官贵人和富有商人等也都积极捐资助会，使华盖宝伞老会成为当时为数不多的资金颇为雄厚的一道仪仗会。

华盖宝伞是为天后娘娘护驾、伴驾的，无论谁捐资置办

宝伞，都尽量达到当时较高水平，第一可了却自己的心愿，
求得天后娘娘的庇佑；第二可相互攀比，成为显示个人能力、
地位、经济实力乃至相互间斗富的一个舞台。因而其所用宝
伞面料都是极为考究的。有国外进口的羽毛哔叽、猞猁大呢；
有四川的锦缎；有广东绫绸；苏、杭、瓜、扬四州的绢货、绉
货、罗货、纱货等，这些面料都是当时的上等货色，且种类
齐全。如绸货中就包括有绉绸、汤绸、串绸、剪绸、绫绸；绢
货含生绢、凡绢、登纱绢、亮纱绢；绫货有广绫、彦付绫、小
花绫、大花绫；绉货有净绉、寇绉、汤绉；罗货有纱罗、远
罗、汤罗、绢罗；纱货亦有库纱、亮纱、生纱、石地纱之分。
使用面料不同的伞衣，是为了适应白天和夜间的行会需要。
通常在白天出会要用进口的挂里子毛货伞衣，而到了晚间则
要改用纱、绢、绉、罗等面料制作的单伞衣，目的是上灯后
透光，形成浩浩荡荡、五光十色的灯伞大队。

除置办的伞面面料考究外，华盖宝伞的缝制也是达到尽
善尽美，精雕细琢。这些宝伞都是到有名的成衣铺由手艺超
群的裁缝师傅亲手缝制，就连伞衣所用花边都是到专门的广
货行置办。更为讲究的是伞衣上的绣活，花样极其繁复，一
件伞衣上几乎得使用十多种绣活，有的最多可达 20 多种，大

致包括有大绣活、小绣活、褡子活、扣子活、绷子活、褰子活、盘线活、盘金活、包镶活、缘镶活、拧绢活、锦片活、锦绣活、挂彩活、角灯活、写字活、包字活、描金活、贴金活、对光活、挂光活等等。总之,"派活不怕花钱"①。

另外,还有一种伞衣为素色,伞面不做任何绣活,而是写满资助华盖宝伞会人员的名讳、名号、职官或从事职业、资助银两数量以及身世善念等等。这类伞要排在最后,为花花绿绿的伞队、为皇会行会增添了凝重而庄严的气氛。

宝鼎、宝塔、香斗等会都是以造型独特和制作精巧以及华贵大气而成为颇受人们欢迎和喜爱的陈设仪仗会,与鲜花会和灯亭会一样肩负着既为座会设摆又随驾出巡的重要任务。

护驾会只有一道,有会员60余人,独归运署负责。运署坐落在天津旧城,全称叫"长芦盐运使署",主要负责长芦盐的贩卖和收税等盐务管理工作,由盐商包管,至今天津仍有以运署为标志的地名。护驾会独归运署管理,可以想象当时的盐商组织在皇会中的地位和势力是多么巨大。护驾会实际就是天后圣母的卫队,负责保护其行进中的安全。会员皆穿

---

① 《天津天后宫皇会行会图》。

箭衣、马褂，其中 30 余名会员在行进中骑高头大马，手持长柄三角形牙边黄绸会旗，旗上绣有龙、凤、云、牡丹等图案。另 30 余名会员则手持短柄圆形小挑灯，灯上书有"运署"或"护圣"字样。这些肩负着特殊使命的大队人马浩浩荡荡，英姿飒爽，威武庄严，其阵势足以令人生畏。

此外，皇会中由扫殿会出资兴办的灵官会及执符神像扎彩，都是起避邪净路作用的仪仗会。特别是灵官会，还以它的神威负责护佑那些为巡风会、顶马会、道童会、花瓶会等还愿会出会的儿童。

（四）辇主、脚行霸请驾

请驾会是专门负责抬天后娘娘及送生、子孙、眼光、癍疹四位娘娘辇轿的会，多为辇主和脚行共同组织操办，具有绝对的垄断性。

辇主是指那些出资置办天后娘娘华辇和送生娘娘等四位娘娘宝辇的人家，在皇会中其地位颇高，很受尊敬。最初，辇主有的是自家一家出资，也有的则是集结附近邻里或是商行、公会集体捐资。到后来则成为富商比阔斗富的一种手段，带有一定的垄断性了。如天后娘娘所乘华辇由鼓楼北合丰朱家（天津"八大家"之一）承办；而其他四位娘娘所乘的宝辇由口岸店盐商王小舫承办。至于五位娘娘所戴凤冠，都是用珍珠、宝石缀成，由北门里天兴德金珠店负责。这一时期，辇主和脚行所承办的请驾会渐渐被分开，单独成立。辇主只关心和操持辇轿的维护、修饰及五位娘娘们衣饰的添置。特别是到后来，请驾会只单指那些专门负责抬辇的脚行组织了。

　　皇会中共有六道请驾会负责天后娘娘、送生娘娘、子孙娘娘、癍疹娘娘、眼光娘娘及其所乘辇驾的搬抬请驾事宜。这六道请驾会分别是天后宫前的宫前请驾会、东门里的同议请驾会、侯家后的敬议请驾会、运署前的运署请驾会及针市街的诚议请驾会和玉元斋请驾会。至于哪道会负责抬哪架辇是有严格的规定的。一般辇主所置办哪一架辇是不变的，而脚行所组织、承担的抬辇请驾事务则有时有所变化，除天后娘娘所乘华辇必须由针市街的诚议请驾会专门负责，以及天后娘娘神像从黄轿到华辇的迁移由玉元斋请驾会专门负责外，其余四位娘娘所乘宝辇有时则在出会前即农历三月十五日到天后宫抓阄决定。

　　天后娘娘所乘辇轿因出会时间及目的不同而有所区别。在皇会第一天，即送驾日农历三月十六日和接驾日农历三月十八日时要乘坐黄轿，而在农历三月二十日、二十二日这二天的出巡散福要乘坐华辇。黄轿的轿围是用黄色绸缎缝制，上面绣有龙花图案，其绣工精细华丽，令人叫绝。这也是由盐商组织出资承办的，因此也叫"通纲黄轿"。华辇较其他四位娘娘乘坐的宝辇更加华丽、精美，灯彩灯饰鲜艳夺目，金碧辉煌。顶部为镶嵌珠石玻璃，光彩亮丽，堪称民间工艺的极品。

华辇和黄轿在出会时各自均由 16 人抬着行进，另外还要有 16 人排列其后，预备轮换抬辇轿。除大队扫殿会会员和护驾会会员以外，华辇属于皇会行会队伍的最后。每当华辇经过时，各处民众无不捧香跪地接驾，庄严肃穆，无一人大声喧哗，就连远在海河岸边香火船上的香客也都和岸上人一样，屏住呼吸，大气都不敢喘。清代津门名士杨一昆在《皇会论》中曾有生动的描述："不知不觉已过了四驾辇，法鼓声犹近，鹤龄声音不远，提灯伞扇来到跟前，手执请驾羊角灯，说'驾到了，靠后吧！'一个个俱都气静神安，有那女眷，拈香拜街前，一种情思无两般，无非是求子育男……。"

送生娘娘、子孙娘娘、瘢疹娘娘、眼光娘娘所乘的四驾宝辇比华辇小，每架均是由八人抬着行进，另外后面也安排八名会员负责轮流抬辇。宝辇中的四位娘娘与天后娘娘一样，都是坐像。最有特色的是送生娘娘坐像，与天后宫内供奉的相同，都是前后两个脸孔，前善后凶，据说凶脸是为吓唬那些不愿落草人间的胎儿，而使产妇平安生产。

除天后娘娘乘坐的华辇和黄轿外，其余四架宝辇在行会时都要进行精彩的"跑落（音 lào）儿"表演。跑落儿是天津民间特有的一种舞蹈形式，它因表演者抬着道具，跑出多种舞蹈图形而得名。跑落儿表演又因所抬道具不同，分为"宝辇跑落儿"、"大轿跑落儿"和"大座跑落儿"。各请驾会抬着四架宝辇所进行的表演即为"宝辇跑落儿"。

宝辇跑落儿的人数是固定的，由 14 人组成，其中有八位抬辇人，两位"把持"（俗称"喊八尺"，是跑落儿表演的指挥。）一位在辇前手转日罩引道，一位在辇后举纛旗，使其斜飘在宝辇的顶端。两位抬架宝辇凳子的分别列在宝辇两侧，负责跟随宝辇跑起或停放时凳子的搬运。表演时，日罩、宝辇、纛旗形成一个完整的整体，显得格外威武壮观。

由于宝辇较重，每架约 500 公斤，因而表演的局限性较大，只能突出"跑"，讲究跑得稳如泰山，快如疾风。无论多快，都得让辇纹丝不晃，犹如飘过云间一般。常用的宝辇跑落儿队形有跑三角、打转盘（捻捻转儿）和龙摆尾（一条龙）等。表演的舞蹈图形完全是根据沿途道路情况即兴跑出。表演时无音乐伴奏，全凭把持喊号子来指挥，一般由辇前把持喊，辇后把持应。如前把持喊："着肩——"，后把持则在其喊完后的拉长音中呼应"着肩——"，犹如二部轮唱。喊号子的时间长短由把持自行掌握，但要一口气喊完，抬辇者则要在后把持喊完号子的拉长音中抬起宝辇乃至变换步伐或队形。

抬辇者的表演动作主要有八种基本步，一是抬辇姿势，要求头正、眼平视、挺胸，抬辇一侧的手叉腰，另一臂下垂，随步伐前后摆动；二是慢步，即压住脚步，平稳地向前走；三是半蹲步；四是快步；五是掏辇杠，即左肩抬辇时，右手从旁掏辇杠往上提，而右肩抬辇时，亦要用左手做对称动作；六是波浪步，即前辇夫做快步，后辇夫做半蹲步，然后，前辇夫又做半蹲步，后辇夫又做快步，循环反复，使宝辇形成前高后低、前低后高的波浪状；七是倾步，左辇夫做快步，右辇夫做半蹲步，然后左辇夫又做半蹲步，右辇夫做快步，如此反复，使宝辇呈左低右高、左高右低的摇摆状；八是外跨步，即向左或向右外跨一步。

两位把持的表演动作前后也有不同，前把持通常站在宝辇前的大杠前面，双手在两侧扶住辇杆，步伐同辇夫，拐弯时，转身面向宝辇。用双手拉着大杠退着跑；后把持的动作基本同前把持一样，但所不同的是其站在宝辇后的大杠后面，拐弯时不转身。

舞日罩者的表演动作主要是"举日罩"和"背荷日罩"。舞日罩就是在走或跑时，左手下垂握日罩杆下端，日罩背身后。背荷日罩，是走"圆场步"，即左手在左后下方，手心向右后握日罩杆下端，右手在右肩上方，手心向前握日罩杆上端，日罩背身后。

如今，宝辇跑落儿的表演仍在天津民间流行，保存较完整的是葛沽宝辇会。葛沽宝辇会成立于明万历年间，由葛沽镇张姓养船富户为感谢天后娘娘保佑其商船海上脱险而捐资置办的。至今，天津地名中仍有东茶棚一地，即是当时其为接待海河两岸前来一睹宝辇风采的船民而建。

请驾会为绝对的"子孙会"，即祖传父，父传子，代代相传。民间普遍认为出皇会是善举，特别是为娘娘抬辇乃是功德之事，故各家无不争相承办，一旦承办下来便不再交他人，意为"留德"。

各道请驾会都备有短柄圆形会灯、短柄刀形会旗，会灯、会旗上都书有各自会名。在每道请驾队伍前后都配有銮驾会的仪仗执事，包括香谱线幡、宝矩灯扇、灯罩、日罩等，共同组成随驾护圣队伍。

各道请驾会的服装都是十分整齐，且做工考究。头戴春秋帽即红缨帽，青平绒帽圈；穿紫红色过膝长袍，胸前有"光子"，扎黑色腰带；脚蹬薄底儿快靴。表演时，将大襟一角掖至腰间。而负责跑落儿表演的把持则要穿蓝色长袍，以区别于他人。

请驾会有严格的会规，出会时不许抽烟、喝酒，不许说杂话，以示对神的虔诚。在天津民间，人们将抬辇看作是一件极其荣耀的事，故留下了"要想露脸上宝辇"的俗语。

五、从玩意儿会到日臻完美的民间表演艺术

在皇会行会中，最热闹、最耐看的是那些多姿多彩、目不暇接的各类表演，即民间俗称的"玩意儿会"。它包括了戏剧、曲艺、鼓乐、滑稽、歌舞、杂耍、武打等丰富迷人的表演内容，是皇会行会的灵魂。玩意儿会根据表演的内容和技能形式，又分为文玩意儿和武玩意儿。文玩意儿包含了戏剧、曲艺、滑稽、逗哏及鼓乐等说唱、敲击表演，如莲花落、十不闲、法鼓、挎鼓、大乐等；武玩意儿相对文玩意儿而言则指的是歌舞、杂耍、武打等带有技巧性的表演，如高跷、中幡、重阁、捷兽（狮子）、杠箱等。文玩意儿和武玩意儿为皇会行会增添了无穷的趣味和魅力，它也是皇会经久不衰的重要因素之一，并在几百年的传承过程中得到丰富和完善，成

为具有鲜明地方特色的民间表演艺术。

（一）儒雅谐趣文玩意儿

文玩意儿中的戏剧、曲艺内容，更进一步增添了皇会的娱乐性，因为旧时的天津人十分喜爱戏剧、曲艺这类文艺形式，曾涌现出不少戏剧、曲艺名家。特别是 20 世纪 20 年代后，全国各地各派名演员竞相来津献艺，他们都把过天津关作为检验自己水平高低的标志。当时，曾流传着"北京学艺，天津唱红，上海赚钱"的说法，这也说明了天津在中国戏剧、曲艺发展史上的特殊地位。像著名的评剧皇后白玉霜就是成名于天津，直到 40 年代天津还捧红了李少春、童芷苓、赵燕侠等，就连李世芳、张君秋、毛世来、宋德珠等四小名旦也是在天津唱红而名声大噪的。

皇会行会中的戏剧、曲艺类表演老会、圣会大都以其所表演的曲目为会名，较著名的有以戏剧、曲艺为表现形式的河东意善《洛阳桥》圣会、晒米厂随议《胖姑学舌》圣会、河东白衣庵和善《长亭》圣会、英乐《四季长鲜》圣会、侯家后同乐《十不闲》圣会、顺天府宛平长乐《京十不闲》圣会、议善《莲花落》圣会、盐坨文殊庵妙显寸跷《莲花落》圣会、河东小圣庙同善《渔家乐》圣会、同乐《锯缸》老会、永庆《万年甲子》圣会、东南角康家大院庆和《瞧亲家》圣会等。这些道会在表演中，有的还以昆曲、滩黄调、柳子腔为曲调，有的则采用莲花落或十不闲等演唱形式，有的在一道会中采用上述多种形式。

如河东意善《洛阳桥》圣会，在表演时分前场和后场。前场由锣鼓点儿敲《豹子头》鼓点儿起头，之后，对海笛接吹《工尺上》、《三番》、《三转》等曲牌，演唱者均用滩黄调韵腔，最后再用《豹子头》锣鼓点儿结束。到后场演奏时，用南锣鼓敲打起止的鼓点儿，四位儿童先要伴着鼓点儿进行《跑四门》的表演，然后分左右两侧站立，再用昆曲表演《整仙衣》、《普天乐》等曲目。除演唱外，这道会还在中间穿插花船走场表演。花船均由丝弦弹"轮子点儿"、"撮点儿"、"开唱点儿"、"过唱点儿"、"接唱点儿"、"过板点儿"等伴奏走场。

在以戏剧、曲艺为表现形式的各老会、圣会中，还往往多采用通俗、逗趣的唱词，特别是丑角的演唱常常令人忍俊不禁。如同乐《锯缸》老会，就是由丑角用道白式进行演唱，其唱词融入了民间脍炙人口的一些笑话：

巡抚都御察善恶，见着妖气锁上苍。

吾神点化个手艺匠，妖怪得道似口破缸。

补拉锅住在招商店，清晨早起出了店房。

补拉锅手下不怠慢，担起了担子游四方。

清晨走到晌午错，叮叮当当还没开张。

心想不往别处去，定要上那王家庄。

王家庄有个王员外，他家生下三个姑娘。

三个姑娘寻了三位女婿，一位倒比那一位强。

大女婿长得人才好，脑袋上秃得溜油光。

二女婿长得人才好，连眉带眼长秃疮。

三女婿长得人才好，到晚上不用点灯亮堂堂。

胡说八道来得好快，前面上了王家庄。

补拉锅开言高声叫，吆喝声"锯盆锯碗锯大缸！"

　将挑着的担子放在大门旁，等着王家的人来锯大缸。

　　演唱时丑角还要加上几句天津方言和滑稽动作，憨态可掬。

　　在文玩意儿中，以鼓乐演奏为表现手段的有乡祠前远音挎鼓老会、同善大乐老会、邵公庄萃韵吹会、和平音乐会、诚议大乐老会、同和大乐老会及众多的法鼓会（因下面有单叙法鼓会的内容，在此不赘述）。

　　文玩意儿中的鼓乐类会，靠着其浩荡的会员队伍和其演奏时的惊天动地为皇会行会带来了巨大的声势。因而成为皇会行会中必不可少的会种，尤其是不能少了乡祠前远音挎鼓老会和同善、诚议、同和三个大乐老会、邵公庄萃韵吹会、和平音乐会以及金音法鼓等十五六道法鼓老会。其中的乡祠前远音挎鼓老会曾受到清朝康熙、乾隆二帝的封赏，赐予八名鼓手黄马褂，故其会在皇会各道会中地位显赫。

　　鼓乐类会的演奏亦都有各类的曲牌曲调，如以"河北吹歌"为主旋律的音乐吹歌法鼓圣会，完全以"河北吹歌"为核心，使用管子、横笛、笙、箫等乐器，敲完一套锣鼓，接吹一套戏，或是梆子戏出，或是柳子戏出、哈哈腔、娃子腔，净吹戏文曲调，没有话白，被叫作"咔戏"，极受世人称道。大乐则采用江南人创作的"河洛大乐"为曲调。南头窑的同和大乐会，使用的道具、服饰与法鼓会大体相似，只是乐器不同，包括喇叭、大号、唢呐、金锣、铜鼓等。演奏的曲牌有《浪淘沙》、《金蟾闹》、《文王序》、《雁落沙滩》、《普天乐》等等。其最有特色的是用唢呐变调音律，自上而下，按音变节，分别为"六字调"、"凡字调"、"正工调"、"尺字调"、"上字调"、"乙字调"、"四字调"。这种演奏方式为表演增添了新韵。另外，像音乐会亦有采用昆腔进行吹奏的。

在这里，特别值得提到的是天津的各道法鼓会。

法鼓，是天津特有的鼓乐表演形式。它既是皇会行会中必不可少的一道表演文玩意儿的会种，同时也是随驾、伴驾的关键会种，成为娘娘们左右庄严的仪仗队伍，有"半副銮驾"之称，在天津已存在了近400多年。

关于法鼓会的起源，众说纷纭。有说当初叫"法器会"，因那时出皇会天后娘娘所乘的黄轿和华辇以及为其伴驾的四位娘娘的宝辇驾前没有响器家伙敲打，到了晚间夜深人静、人困马乏之时，候在宫外的人们往往"不知圣驾多早晚会上过去了"[①]。为此，扫殿会公议研究，请天后宫的住持组织宫中道士组成道炬行香会侍于五驾辇前及陈设灯亭老会前随驾出巡护圣，敲打响器家伙，时称"法器会"。天津人素以好斗气、争强好胜而著称，故纷纷出响器会，并改会名叫"法鼓会"。还有的说"法鼓"二字出自佛经，它是一种专为酬神而演奏的音乐。

---

① 《天津天后宫皇会行会图》。

　　旧时，天津的法鼓会十分普遍。值清代法鼓会鼎盛时期时，天津有法鼓会130余道，仅参加皇会行会的就有三四十道，其中较著名的有大觉庵金音法鼓老会、西乡西园法鼓老会、紫竹林东园法鼓老会、天后宫前宫音法鼓老会、芥园庙花音法鼓老会、龙亭公议井音法鼓老会、南头窑同心法鼓老会、小南河进香音乐法鼓圣会、闸口下东园广音法鼓老会、城西大园金音法鼓老会、锦衣卫桥和音法鼓圣会、河东于家厂同议雅音法鼓圣会、玉皇阁前津音法鼓圣会、侯家后永音法鼓老会、城内草厂庵清音法鼓圣会、同愿太平法鼓圣会、河东盐坨三道井沟诚议心音法鼓老会、城内立源法鼓圣会、河东陈家沟娘娘庙前善音法鼓老会、城内石桥后洪音法鼓老会、牌楼口振音法鼓圣会、盐坨寿恩堂庆音法鼓圣会、永丰屯公议香斗法鼓老会、河东小盐店和音法鼓老会、河东上冰窖盐坨法鼓老会、盐坨准提庵中音法鼓老会、盐坨勇济扬音法鼓老会、李家楼起音法鼓老会、河东陈家沟乡音法鼓老会、太平庄同云法鼓老会、中营西同议法鼓老会、盐道运署法鼓老会、顶家胡同霞云法鼓老会、南门外万庄子归音法鼓老会、西门外亭云法鼓老会、辛庄金音法鼓老会、紫竹林广音法鼓老会、和平音乐会等共38道。

在众多的法鼓会中，每一道会的会名都不相同。除标明地域范围外，有的在法鼓老会（或圣会）前冠之以"某音"字，如宫音法鼓老会、金音法鼓老会、远音法鼓老会、花音法鼓老会等等；有的则冠之以地名，如东园法鼓老会、西园法鼓老会等，一般以前者名称较多。特别值得一提的是各道法鼓老会、圣会对自己会名的解释，具有浓厚的民间文化内蕴，这在全国其他民间会种中尚属罕见。各会借用宗教教义、宗教故事或历史典故、神话传说来为自己的会名作注，有的还把注解编成工整的韵文，形成了天津皇会中的一种特有的文化现象。它在当时起到了烘托皇会或肃穆或庄严或神圣或热烈气氛的作用。

如草厂庵清音法鼓圣会，认为自己会名所选用的字眼蕴含着特定的意义，并将其编成工整的韵文加以说明。如"清"字代表"万里无云天清，当今国号大清，入阁四相九清（谐'卿'），官审曲直断清"，表达了人们企盼国泰民安的愿望，亦流露出歌功颂德的含义；又如"音"字代表"西天我佛雷音，南海菩萨观音，盂兰圣事缘音（谐"因"），师旷整理五音"，则表现了法鼓会与佛教的密切关系，只是末一句显得有些牵强；又说"法"字代表"九莲台上讲法，八大菩萨听法，天师请神作法，国家劝世王法"；"鼓"字代表"神圣落凡大鼓，金銮殿景阳鼓，衙署内镇堂鼓，庙宇哮经钟鼓"。这些讲究和说法，不一定是创建法鼓会的原意。从其包含的内容来看，主要是借用了佛教的教义和掌故，而这些宗教内容已被民间百姓熟知并接受。至于各法鼓会之所以给自己的会名附加上诸多讲头，其本意无外乎是使自己显得有宗有法，这不能不说是办会者的聪明所在。

再如陈家沟娘娘庙前善音法鼓老会赋予自家会名以一定的意义，以表达自己的思想感情和对事物的态度。他们认为"善"字是做善事，有善念，如遇到火灾勇于救火，发现有人落水敢于去救，舍棺材掩埋死尸，舍饭食、舍衣物、舍钱财帮助穷人，每逢初一、十五到庙中进香之举等皆为积善修好；"音"字来源于几个典故，一说钟子期抚琴，俞伯牙听琴，二人成为知音并结拜为兄弟，取其"知音"之意。二说秦穆公时，有个喜欢吹箫的人叫箫史，秦穆公之女弄玉也喜好吹箫，二人成为知音且结为夫妻，留下"吹箫引凤"的佳句，属"求音"。三为西汉时韩信在九里山十面埋伏，张良吹箫作歌散去八千子弟，此为"晦音"；"法"字是司马徽抚琴，刘玄德进院为"问法"。草船借箭，诸葛亮知天命，此乃"雾法"。隋朝杨广弑君欺娘奸妹为"恶法";"鼓"字释为过五关杀蔡阳，张飞鼓城，此为"助鼓"。雷州造鼓，糊纸幔布，为"雷鼓"。武则天乱皇宫，嫔妃淫浪为"摇鼓"。花碧莲包金花科场射箭，名为"中鼓"。

另外，还有一种法鼓老会在起会名时，直接宣称自己主张，如同愿太平法鼓圣会即是。他们把"太平"二字解释为具有实在意义的十个方面：一是国家八方纳进，四海来朝，五谷丰登，君安民乐；二是五风十雨，不犯飞虫，天不降灾，不旱不涝，民间太平；三是不动干戈，无有贼匪，辖方不法者缺短，人人摆供敬神，官员太平无乱；四是各处城中府、道、厅、县文武官员问事清天，不贪金银，人民太平；五是里省外省，南来北贩，货物客商，不失通行，买卖太平；六是各处不出增额，经商客旅路途太平；七是净出烈女节妇，无奸盗邪淫，人人太平无祸；八是净出善人，修桥补路，帮道助僧太平；九是冬舍棉衣，伏夏舍饭食，多救贫穷，舍棺材，助火会，善家太平；十是长吃斋，爱念佛，名山年年进香朝顶，盖庙，屡塑金身，学好太平。

实际上，各道法鼓会名称所包含的神奇内容，多系后人附会而已。由于天津地方特殊的地域形成因素、人口构成因素以及历史、经济、文化发展的诸多因素，使得天津人形成了一种好强争胜（即民间俗语所言"好斗气儿"）的性格特征。这种性格不仅表现在前面所谈到的法鼓会的创办上，同时也表现在各道法鼓会名称的注释上，一家附会，各家竞相效仿，并竭力登峰造极，高人一筹，超越对方。各道会对自己名称的解释，确实也下了一番苦心，为皇会增添了别有风光的文化情趣。同时，也显而易见地表现出当时人们的思想局限性。而且中间不少内容有的过于牵强，有的则喻义含糊，现代人极难理解，就连他们传承下来的子孙会也很难说清当初的意义。这无疑也为我们探讨和研究早期的皇会提出了一个艰巨的课题。

尽管法鼓会数量很多，但他们最初使用的乐器、道具和服饰都相同。法鼓表演使用的乐器有鼓、拔、铙、铛、铬共五种打击乐器。其中钹和铙亦是舞蹈的道具，表演者边奏边舞。通常在表演中要配备大鼓一面、铛和铬各四副、钹和铙各六至七副不等。排列位置一般将鼓放在中央，左为钹、右为铙，铬和铛随鼓后或左右，面对面敲。后来，法鼓在发展过程中，乐器也有增减，有的配以管子、横笛、笙、箫等吹奏乐器。同时，在表演技法上也有所不同。

　　法鼓表演时，首先要由鼓手连续击鼓三次，"冬、冬、冬、冬冬冬冬……"，鼓声由强到弱，由慢到快，被称为"哨鼓"。所有表演者在听到哨鼓声后，就会立即拿起各自乐器（俗称"响器"），双脚八字站立整齐、身体正对前方，目不斜视且表情安详肃穆。这时，"头钹"（即第一个击钹的人）双手把钹一扬，连击四下，俗称"开"。之后，全体才随其击钹的速度合奏起来。鼓是表演的总指挥，有权决定什么时候演奏，演奏哪个曲牌，但必须要根据"头钹"或"头铙""开"的什么曲牌和"开"的速度来决定。法鼓会表演的曲谱主要有"哨鼓"、"开钹"、"反鼓"、"阴鼓"、"长行点"、"收点"、"首品"、"叫门"、"绣球"、"对联"、"钹洞子"、"凤凰单展翅"、"上擂"等。常用的曲牌，俗称"歌子"或"曲子"，有《龙须》、《老河西》、《摇鼓通》等数十种。

　　法鼓表演是边奏边舞，其中演奏"上擂"时，是法鼓的精彩舞段，它可将法鼓表演的高潮推上顶峰。持钹和铙的会员随着气势磅礴、震撼人心的音乐，做着上下翻飞的舞姿。这时，他们的双腿不能动，只需用双膝不停地屈直和腰部多方位摆动，舞钹、铙的动作一个接一个，钹在手中闪烁飞转，钹缨凌空飘动，铙在周身翻缠，忽屈忽伸，金光夺目，使人顿生神威难撼、法力无边之感。这就是法鼓表演最吸引人的一幕，民间称之为"飞钹缠绕"。当"头钹"将双手一扬时，就标志着表演结束，俗称"收"。

由此可见，法鼓表演主要体现在钹的上下飞舞和铙的周身翻缠上，通过钹、铙不同的击打方式而变换着不同的动作。如"竖击钹"，必须顺势向两侧打开成双臂侧平举，致使双钹缨在身体两侧飞舞，形成了"一字钹"的舞姿。又如双铙"搓击"后，通过相反的作用力，使铙在手中旋转，形成了金光闪烁、耀人眼目的"转铙"动作。另外，像"双分钹"、"卷帘"、"缠顶"等动作，都是通过铙、钹的不同击法，产生不同的作用力而顺势发展变化为舞蹈动作的。

由于法鼓后来被作为僧、道作法的音乐，因而它的动作除了从打击动作中发展变化外，还潜移默化地受到了宗教的影响。如"端钹"，是直接从佛教地藏菩萨的"禅定手印"移植而来；"托塔式"则是从佛祖释迦牟尼的"接引手印"演变而来。此外，法鼓表演还从民众的日常生活中汲取创作素材，如"叠金钱"、"拾金钱"、"撒金钱"等。还有像"单钹闪"、"双钹抖"等动作，则是借鉴了武术中的"马步冲拳"动作发展变化而来。

　　法鼓会各道会的服饰则基本相同，均穿中式长袍，挽白袖口，罩黑色马褂，蓝色中式便裤，圆口皂鞋，头戴帽衬。整体感觉十分庄严、稳重。

　　如果按表现形式细分的话，法鼓在皇会行会表演中可分为文法鼓、武法鼓和音乐法鼓三种类型，其形式以固定式的"设摆"和行进式的"行会"加以区分。法鼓会属于子弟会、代代相传，且各道会都是以一个区域内居民为团体组成，人数一般都在百人以上，最少也得七八十人，有的多达四五百人。由于天津的法鼓会数量多，为使自己的表演具有特色，各道法鼓会均竭力突出表现个性，创作一流的绝活表演，有的以鼓的敲打取胜，有的以钹、铙的出手不凡见长，有的以扎彩、灯饰、道具的精美引人注目，还有的利用茶炊子的装饰和表演进行自我表现。茶炊子差不多每个都有 90 厘米高，重四五十公斤，表演起来很不轻松，但表演者仍能运作自如，不得不令人敬佩三分。如有的挑茶炊子的会员在挑担子时不用手扶，靠肩部和身体的平衡走鼓点，使担子颤得优美好看，可见其技艺之高超。茶炊子的表演通常放在法鼓表演开始之前，以此激发观众的情绪。目前，这种技艺仍在法鼓会中流传。

图8　法鼓会的茶炊子表演

（二）洒脱干练武玩意儿

武玩意儿涵盖的会种更多，内容更丰富，包括重阁、杠箱、高跷、中幡、捷兽等十余种，其中每种都有一至数道表演老会，他们均以特有的表演风格展示自己的歌舞演艺、耍技、武功等，更具有技巧性的表演。其中以歌舞为表演形式的有九类二十余道。一是秧歌，有窑洼秧歌圣会、梁家嘴议胜秧歌圣会、双伞阵图秧歌、西码头庆乐《渔樵耕读》圣会；二是捷兽，有姜家井捷兽会；三是高跷，有永丰屯西池八仙会、东南角庆寿八仙会、津道老鹤龄会、县署前《混元盒》高跷圣会、中营前《金山寺》高跷圣会、河北石桥《升仙》高跷圣会、傅家村《渔樵耕读》高跷圣会、盛芳进香高跷圣会、河东大寺盛意高跷会、东南角过街阁后《西游》高跷会以及《绿牡丹》高跷圣会等等；四是跑竹马，有育德巷前永长金钱跑竹马圣会等；五是花鼓，有乐善双花鼓老会、同乐花鼓老会；六是太平花鼓，有西沽永庆太平花鼓老会；七是舞绣球，有德庆绣球圣会；八是舞花，有德庆舞花圣会；九是干支舞，有永庆《百年甲子》圣会。

秧歌

秧歌原本是农民们在插秧休息时表演的歌舞，俗称"村田乐"，大约始于宋代。清光绪二十七年（1901）时被太监李莲英引进至宫内，曾受到慈禧太后的褒奖，并由此风靡全国。天津地区的秧歌具有自己独特的风韵，它将扭舞和歌唱有机地结合起来，溶进都市民俗所特有的情趣，以诙谐、幽默、深刻的唱词表达当时人们的世俗观念和理想。如：

> 人生在世天地间，有几件大事不周全。
>
> 贫的贫来富的富，忙的忙来闲的闲。
>
> 痴傻呆乜偏富豪，乖巧伶俐受艰难。
>
> 满腹的经纶不得中，寻常学问做高官。
>
> 骏马驮定无义汉，巧妇常伴鲁夫眠。
>
> 若问此是因何故，皆因他前世阴功无修全。

　　此外，天津秧歌表演还以伞的舞动为核心，执伞的人被称为"伞头"，他不仅要会唱歌，而且还要会舞伞，引导人们看伞法跑场表演。伞在当时被看作是祈求风调雨顺的吉祥物。

　　如著名的窑洼秧歌，历史悠久，距今约 500 余年。据传说明成祖称帝后，改国号"永乐"并迁都北京。第二年，他为庆贺登基，与民同乐，窑洼秧歌也与其他会一样竞相前去献艺。窑洼秧歌老会在早些时候称"忠善秧歌老会"，其出会阵容分三部分，一是仪仗队伍，二是鼓乐队伍，三是表演队伍。因其只有一位"伞头"，故世称"单伞秧歌"。会头为二人，一持串铃，一拿叫锣，故有时人们亦以其手拿的乐器呼之。其表演内容是依据戏曲《龙潭鲍骆》中"绿牡丹大闹嘉兴府"一折编排的。说的是唐朝武则天时，太师之子王伦依仗权势欺凌乡里，无恶不作，将其师兄武振平和他的盟弟濮天鹏陷害，关押在嘉兴府大狱。骆宏勋联络花振芳、鲍子安及巴家四杰，乔装打扮混进嘉兴府，救出武、濮，除却王伦。其表演伞头鲍子安、武生濮天鹏、文生骆宏勋（公子）、俊婆花奶奶、丑婆巴奶奶、英哥（童子头）、白片花碧莲、青片鲍金花、头棒肖未、二棒肖月、拉花丫鬟二人、头鼓巴龙、二鼓巴虎、三鼓巴彪、四鼓巴豹的人物造型和服饰都是仿照戏曲中的人物要求，只是在化妆上不按脸谱勾脸，俗称"清水脸"。此外，他们在表演中只是扮演人物造型，并不进行故事情节的编排。据说当年出皇会时，窑洼的秧歌曾是叫得响的一道会，天后宫扫殿会的会员常亲自到会头家要"金字红报"，即表明此会已答应届时出会陪驾的凭证。

还有阵图会也比较有名。阵图会也称"二十八宿阵图会"、"双伞阵图秧歌"，大约成立于清康熙末年，由三岔河口北岸脚行的工人们倡议，并在聚善水局的组织下成立的，当时就为自娱自乐。那时，住在这一带的居民家家以此为乐趣，每家几乎都有练武学秧歌的爱好。起初成立时，出皇会没有他们的事。到了第五代会头张燮辰时，便积极争取参加皇会行会。为此，他们将红、绿伞顶改为阴阳八卦图案，将伞裙分别画上二十八星宿的图形，增加了信仰崇拜的色彩。从此便以"二十八宿阵图会"的名称加入了皇会出会的行列，表演隋末农民起义军的故事。说的是隋炀帝杨广去扬州观赏琼花，皇叔杨林为防不测，在路上布下许多大阵。当时，瓦岗寨的起义军联合十八路"反王"准备破阵截杀杨广。十八个阵图便是由此而来，分别是一字长蛇阵、二龙出水阵、三环套月阵、四角风云阵、九九阴阳鱼阵、大万字阵（又称"十全蚂蚁阵")、蝴蝶阵、蝎子阵、葫芦阵、方城阵以及夹篱笆、套双环、跑双绫、拉条子等。

图9　秧歌会

阵图会最初表演时，角色有混世魔王、大德天子程咬金、宋义王孟海公、五灵王李义、江宁王萧月铁光、济宁知事王王伯、济南王唐璧、鲁州王高世奎、夏州王高世远、宋州王徐元朗、明州王张称金、凤鸣王李子通、相州白玉王高谈圣、苏州王沈法兴、许州王马振东、北汉王铁木耳、沙土子老英王罗子都、河北大梁王仆克州、定阳王鸡关刘武周、军师徐茂公、金钱豹翟让、九马花刀将魏文通、九合大将魏文生、先锋官秦琼、单雄信等共24人。到了后来，表演角色有所变化，已与高跷会有相似之处，而且化妆也将原来勾各种花脸改成俊扮。

捷兽

捷兽会实际是狮子会，它是由一百多位农民组织起来的，在天津存在的历史较长，大约成立于清乾隆以前。当年乾隆皇帝下江南路过天津三岔河口时，曾遇到当时出皇会的盛况，并接受过捷兽会的朝拜，极为赞赏，亲赐演员黄马褂。因此，捷兽会在皇会中的地位是较高的。捷兽会共有五个太狮、四个少狮演出的"九狮图"，曾为狮舞一绝。其捷兽会的表演主要是依照八卦"乾坎艮震巽离坤兑"六十四门技艺排练，其气势恢宏，具有很强的感召力。此外，由于狮子在人们心目中是吉祥和威武的化身，狮子摇头万兽惊，故在行会中还具有避邪除恶的功能。

图10　捷兽会

高跷

高跷会，亦是深受广大人民群众喜爱的艺术形式。旧时，天津有高跷会 120 余道，几经变迁，到今天尚存 90 余道。在当时除永丰屯的西池八仙会、东南角的庆寿八仙会、津道的老鹤龄会三道礼仪跷逢出皇会时必参加行会外，其余高跷会则要根据扫殿会的要求及时局情况，适时而定，出会的排列次序依抓阄结果分别排在芦纲公所所出的八架抬阁之后。在这些高跷会中，较著名的有县署前的《混元盒》高跷圣会、中营前的《金山寺》高跷圣会、河北石桥的《升仙》高跷圣会、傅家村的《渔樵耕读》圣会、胜芳的进香高跷圣会、河东大寺的盛意高跷会、东南角过街阁后的《西游》高跷会及《绿牡丹》高跷会、西码头百忍京秧歌高跷老会等。

天津高跷的历史可追溯到三百多年以前，据说最早是清朝康熙末年驻永丰屯（今红桥区南头窑一带）统领徐邦道组织当地居民成立起来的，即后来的西池八仙高跷圣会；还有传说是渤海边渔民创造并传入天津市的。经历了几百年的传承、发展和创新，天津高跷形成了集音乐、舞蹈、戏曲、技巧于一身的独特风格。其扮演的人物角色有严格的规定，伴奏乐器一般由表演者自己携带（礼仪跷除外），身挎小鼓，手持铜锣，边演边打，称为"锣鼓四件"，即二鼓二锣，并有固定的锣鼓点儿和特有的节奏。

天津高跷以自娱自乐及娱人娱神的形式出现，既有规定格式，又有即兴表演，因而使高跷表演能放也能收，能长也能短，可随时间、地点、环境、气氛等作自由变化。它不以故事情节诱人，而以扭唱取胜，做到"慢扭如风摆杨柳，快动如鸡啄碎米"。

天津高跷的踩跷表演人数大都取双数，有 10 人、12 人之分，也有 14 人、16 人之分，多则可达 24 人。民间通常将 12 人以上的人物称之为"外添"，如扮演《水浒》、《西游记》、《白蛇传》、《施公案》及《混元盒》中的各种精怪等形象。

天津高跷的表演潇洒、优美。首先是集体跑场，打开表演场地。一般是先作集体"拉骆驼"造型，然后由"头棒"带领全体跑大场，走出各种队形。之后，再分别按顺序进行小场表演，即按各自装扮分别表演如《翠屏山》、《断桥》、《打渔杀家》等。小场演完后，再由"头棒"、"二棒"领全体跑大场，随锣鼓节奏的逐渐缓慢而走向另一个表演场地。

图 11　高跷会

　　天津高跷的唱腔具有浓郁的地方色彩，它既不取戏曲唱腔，也不采用民歌小调，而是用一种类似生活中叫卖声的唱腔以及带有佛教色彩的音乐。唱词富有生活情趣和口语化，几乎每个角色都有自己的唱腔和唱词。有独唱、对唱，也有帮唱。

　　例如，在做"拉骆驼"集体造型时，由"二棒"唱叫卖歌词：

　　　　　　哎！花盆里面栽的，
　　　　　　窗户台上摆的，
　　　　　　青枝架地，
　　　　　　绿叶儿配地我吆喝一声，
　　　　　　哎哟！迎春花呀！哎！

这极似走街串巷的卖花人。再如唱词有：

　　　　作个小本买卖，

　　　　量量二斤豆，

　　　　长街去卖，

　　　　酒馆也去抓。

　　　　哎呀！赚来了铜钱养活妈。

这反映了卖豆人的朴素心理。此外，还有表现自然现象和生活情趣的唱词，如：

　　　　春风飘起（呦）春水平，

　　　　桃红柳绿更清明，

　　　　春公子骑（呀）骏马，

　　　　七八岁的顽童放起了风筝。

帮唱的唱词有：

　　　　一块浮云遮蔽天，

　　　　南花园紧对着北花园，

　　　　南花园开的老来少，

　　　　北花园开的芍药牡丹，

　　　　八十岁的老者泪涟涟，

　　　　花开花谢年年有，

人过青春没有少年。

还有的唱词中有"南无阿弥陀佛"的"佛号"唱腔及"渔樵问答"的对唱内容，颇富生活气息。

天津高跷在表演形式上可分为文跷、武跷、冀跷及礼仪跷等类型。

文跷的主要特点是会员所踩的木腿子比一般的要长，有二尺至五尺半不等。出会时前排设灯牌、仪仗、茶炊子等队伍，场景甚为壮观。此外，会员的化妆俊美靓俏，端庄妩媚，服饰华贵绚丽，道具灵巧考究，表演细腻，动作文雅，以扭唱和刻画人物取胜。表演内容多以"渔、樵、耕、读"人物和拟人化的蝴蝶、鱼、蜻蜓为主。表演动作以"单、双夹篱笆"、"斗对"、"斗四鼓"、"公子扑蝴蝶"、"渔翁逮鱼"、"樵夫砍柴"等为多。乐队以锣、镲、鼓为主，演奏的曲牌节奏较快。

最有代表性的文跷是清嘉庆二十一年（1816年）成立的位于南运河西码头的百忍京秧歌高跷老会，他们表演的是梁山好汉花和尚鲁智深、矮脚虎王英、菜园子张青、混江龙李俊、浪子燕青、鼓上蚤时迁、母大虫顾大嫂、母夜叉孙二娘、一丈青扈三娘等九位英雄，闻知神州豪门子弟任宝童纠集一些武林人士聚会神州设擂台，扬言要荡平梁山后，十分气愤，遂装扮成打花鼓的卖艺人下山，大破"神州会"，活捉任宝童的故事。

武跷较文跷的腿子要短一些，一般在二尺以下。表演上除具备文跷的主要特点外，动作的幅度比文跷要大得多，以技巧取胜，且节奏更快，粗犷雄浑，武功猛捷，并增加了技巧的难度，如"蹲跳"、"鱼跃飞人"、"摔叉"、"前跪卧鱼儿"、"集体撂叉"等。表演内容以故事情节为主，如《西游记》中的"唐僧取经"、"三打白骨精"、"悟空斗妖魔"；《水浒传》中的"瞎子逛灯"等等。在"武跷"的表演中还有傻妈妈、傻儿子等传统丑角穿插其中，不时逗趣，饶有风味。

冀跷的木腿子最长，一般都要高出五尺以上，纯以功夫取胜。

在皇会出会中，就高跷这一项而言，最风光的要数礼仪跷了。礼仪跷是天津民间独有的一种高跷表演形式。它与一般高跷不同之处在于踩跷表演会员皆身罩大型仿各种生灵动物造型的扎彩道具，仪表庄重高雅，稳踏云步，口颂吉歌。它不像其他高跷那样由踩跷会员自带锣、鼓，边奏边演，而是另有伴奏乐队。同时，伴奏的乐器也改锣、鼓为笙、笛、箫、唢呐等民间吹奏乐。乐曲舒缓悠扬、静雅清幽，一反其他高跷那种锣鼓紧凑的气势，而使观众在喧闹的氛围中，感悟一种庄严、典雅和肃穆之情。

礼仪跷是专为酬神、祝寿等庆典进行表演的类型。皇会行会中必不可少的有三档礼仪跷，分别是西头永丰屯的西池八仙会、东南角的庆寿八仙会和津道的老鹤龄会。

西池八仙会建立于清康熙末年，由当时驻永丰屯（今红桥区南头窑一带）附近军营统领徐邦道指派李君廷出头并组织当地居民在吕祖堂的康济会所成立，其经费开支由军营中负责支出。此会距今已有 300 多年的历史了，通常在皇会行会中为天后娘娘华辇伴驾。西池八仙会的表演内容，是根据"上八仙"刘海、李太白、张仙、孙膑、王禅、王敖、和合二仙为西池王母娘娘庆寿的传说而改编的。踩跷会员除"上八仙"八位人物外，还有王母娘娘及两位仕女共 11 位人物。最初表演时，八位仙人分别脚踩三尺半高的跷腿子，身围白缎云裙，左手拿一脸谱牌，右手持各自法宝。只有王母娘娘除同八仙一样脚踩同样高的跷腿子外，身着凤凰道具（人从凤凰身中穿进，将凤型道具用绳挎于两肩，再从腰处系牢）。凤凰为藤胎，外面包布后彩绘。最有特色的是用鸟羽粘贴的凤身和凤尾以及"凤凰"外悬着的假腿，犹如骑在凤凰上一样。

据说凤尾长约一丈有余，行进时需有二人当托架，抬着往前走。

清光绪年间，西池八仙会的表演有所变化。把原表演八仙人物者手中的脸谱牌去掉，一律改用藤条编制成的各种禽兽道具，和王母娘娘身着的道具一样将其挎于腰间。表现为刘海骑金蟾，手持一金钱；李太白骑鱼，手持吉祥书；张仙骑虎，手持宝弓；孙膑骑牛，手持神拐；王禅骑麟，手持天书，上有香炉；王敖骑狮，手持天书，上有仙桃；和合二仙均骑仙鹤，各持宝物一件；王母娘娘骑凤，手托玉圭；两仕女身穿云裙，各持一羽扇伴随王母娘娘左右。他们手中的道具都带有机关，当他们进天后宫为天后娘娘唱完《庆寿歌》后，便开动机关，如刘海将一金钱变为一串，意为"刘海戏金蟾"；王母娘娘手中的玉圭在两旁变出"万寿无疆"四个大字等。众八仙和王母娘娘皆身背花瓶。花瓶亦是竹制，配以绢花。花瓶用两根布带从背后绕至胸前交叉，再绕至背后穿过环系扣绑紧。此外，西池八仙会又把高跷腿子在原有基础上加高一尺，为四尺半高，外部再用绘有彩云的布裙连接遮挡，犹如腾云驾雾一般，令观者惊叹不已。这一时期也是该会的鼎盛时期。

西池八仙会表演时的主要音乐伴奏为《鹤龄曲》，乐曲优雅庄重，伴奏会员边走边吹奏。踩跷会员则不像其他高跷会那样表演动作大，只是简单地随着音乐走两步、退半步、原地踏一步，做着和谐而稳健的表演。但在行会进天后宫为天后娘娘祝寿时，则要在唢呐、笙、箫、笛等乐器伴奏下，高唱《庆寿歌》。此会还曾被邀请到那时的总督衙门祝寿，受到袁世凯的喜爱和奖赏。

图12 西池八仙会

庆寿八仙会大约成立于清乾隆以前，由天津旧城东南角一带居民众议办会。踩跷会员皆由十三四岁儿童出任，依次扮演"中八仙"李铁拐、韩湘子、蓝采和、吕洞宾、汉钟离、曹国舅、何仙姑、张果老以及"老寿星"共九位人物造型。

这九位儿童皆身着戏剧彩衣，"中八仙"则要身背各自法器，"老寿星"还要身骑仙鹤。"仙鹤"用藤作胎后外罩呢布，上加彩绘，所扮老寿星如在天空中飞翔一般。这些踩跷会员都不耍练，他们只在进天后宫为娘娘祝寿时，和着唢呐伴奏，高唱《庆寿歌》。由于踩跷扮演"中八仙"及"老寿星"的会员都不得超过15岁，声音十分甜美，且扮相俊俏可爱，动作活泼又不失文雅，因而被扫殿会列为皇会行会前第一个进天后宫敬香报到挂号的老会。

津道老鹤龄会应该说是在众多高跷会中乃至整个皇会各道会中具有显赫地位的一个，这是因为他们曾参加为清乾隆皇帝接驾的仪式，受到过皇帝的赏赐。津道老鹤龄会成立的历史久远，约在康熙末年。其踩跷会员也都是十三四岁儿童，其中四名儿童扮演仙鹤，两名儿童扮演凤凰。鹤和凤都是以藤作胎，外部包布或绒，彩绘。仙鹤的翅膀可以活动，呈现出或伸展或收拢的状态。凤凰尾亦十分讲究，长约1.5米，均用孔雀羽毛做成。可上下摆动，左右开合，并装饰彩色灯泡，以增强孔雀开屏的真实动感。特别是尾部还装有机关，当开屏时还能发出鸣叫声。这些道具套在儿童身上，挎于腰间。行会时，四位鹤童要分别做出"飞、鸣、宿、食"四种不同形态的表演，造型生动逼真，稚气十足，因而很受欢迎。在一次为清乾隆皇帝接驾时，大受皇帝赏识，御赐四位鹤童每人一个金项圈，并赐津道老鹤龄会龙旗两面。由此，这道会身价倍增，显赫一时。

津道老鹤龄会的踩跷儿童会员在行会时也不做大幅度动作的耍练，他们只和着唢呐、单皮鼓、小钹铬等乐器的伴奏唱吉祥歌。此外，其茶炊子、灯牌、会灯、会旗等执事皆较精美，给人以雍容华贵之感。

图 13　鹤龄会

高跷会的表演，除前面所述三道礼仪跷外，其余高跷会必须根据皇会行会要求，或出会或不许出会。因而不是每次皇会都能看到文武高跷的表演的。下面介绍的几道高跷会都是曾经参加过皇会，取得了一定的影响并具有自己表演特色的会。

《混元盒》高跷会属于文跷，流传有 150 余年的历史，由旧城县署前一带居民众议兴办。由于这道会人心齐，资金雄厚，每次出会时都要穿用新行头、新会旗，故被人们另眼相看。《混元盒》高跷圣会的表演内容主要是表演张天师捉拿"五毒妖"的故事，以此殄惊毒秽，扶正祛邪。"五毒"即蛇、蝎、壁虎、蜈蚣、蛤蟆，在当时被认为是祸害人间的害虫。人们通常要在五月节（即"端午节"）时举行"避五毒"的一些活动。天津旧俗在这一天家家门前两侧插上一把艾蒿枝，或把艾蒿剪成虎形，加上菖蒲形似剑，放在一起名"艾虎蒲剑"。同时，还要在门楣上贴朱砂神判符篆（钟馗剑指蝠像或天师符）。还有挂葫芦或挂布葫芦袋（袋中放雄黄、苍木、花椒末等物）或贴剪纸葫芦万代，以此避邪除秽，祈福增寿。有的家庭还要在墙壁、炕沿、窗户上贴红纸剪的"五毒"，俗称"剪五毒"。小孩子一般都要穿上黄色的衣裤，襟上挂有用碎布头缝制的辣子、蒜头、柿子、粽子、葫芦、簸箕、荷包、老虎等一小串饰物，此曰"老虎褡裢"。另外，还讲究在孩子的头部、耳孔、臀部等处抹雄黄酒，以避"五毒"侵害。而且，家家都要包江米小枣的粽子或黄米粽子，亲戚、邻里之间有时还以此相互赠送。因天津民间对五月节相当重视，将其与春节、八月节（即"中秋节"）作为一年中重要的三个节日，故对《混元盒》高跷所表现的内容十分喜爱，并将其看作是祈福禳灾的心灵寄托。特别对张天师的唱词颇感兴趣，如：

> 龙虎的圣人本姓张，可恨那金花白蛇称娘娘，无故地聚妖神幡晃几晃，她把那天下的群妖晃下都心忙。心生要把我的教门破，我天师全仗祖传的宝相帮。捉拿了铁锚妖怪镇江口，又拿了青白石怪现门旁。恶怪蟒筲干了淮河水，命法官降拿怪物在傅家村庄。那一年上京引见到顺天府，河西务拿了黑狐狸在明伦堂。白狐狸也曾大闹过里二寺，张家湾守府衙门把妖怪降。通州坝蛤蟆精抢包子铺咧，你看那通州城门挂着蛤蟆皮一张……

此曲音还未落，就博得众人连声叫好。

当时能演《混元盒》高跷的主要有二道会。一道是县署前《混元盒》高跷会，一道是西门里民乐《混元盒》高跷会，其中前者更为著名。

《混元盒》高跷会在最初出皇会时，踩跷表演的共14人，分别扮演蜈蚣、蝎子、傅老、傅万年、刘大忠、蝎虎精、红蟒精、赵国盛、黑狐狸精、张天师、王八精、青石精、望白石怪等。流传到今天后，由 14 人演变为 12 人，分别扮演头棒"蜈蚣精"、二棒"蝎虎精"、坐子"红蟒精"、樵夫傅万年、白杆"白狐精"、公子赵国盛、青杆"青狐狸"、渔翁傅老、俊锣"蝎子精"、丑锣"蛤蟆精"、头鼓"青石怪"、尾鼓"白石怪"等，其表演都各具特色，深得众会推崇和观众喜爱。特别是樵夫的武功表演"叠金钱"，实为绝技。其表演时，左手紧握肩上柴担，向前团身，跳右腿，踢左腿，挥右臂，击左脚尖，连续不停。上身与左腿形成一张一合相叠的动态，节奏明快，干净利落。此外，其鼓点儿细碎而清脆，舞姿飘忽而稳健。"斗花鼓"的击鼓表演更是独具特色。还有一个与众不同的地方是其使用的高跷腿子实际上是两层，上面一层是真脚踩，脚被裤子遮盖，下面一层设一假脚踩。这种造型不仅增加了高度和难度，而且比较独特新颖。

普乐《八蜡（津地念 shà）庙》高跷老会的历史也较悠久，约成立于清乾隆年间（有说源于清咸丰年间），由天津牌楼口徐家冰窖前（今红桥区一带）附近的居民众议成立。其表演更具天津地方特色，踩跷会员所扮演的角色是以京剧《八蜡庙》中的人物为蓝本，服装、扮相都与戏剧的要求一样。当时，其演员的脸谱都由天津著名的民间艺人"泥人张"勾画。最初，只表演"小八出"，即头棒、二棒、渔、樵、耕、读、青杆、白杆、坐子、公子、傻妈妈、傻儿子等。到后来，约清光绪年间才改演"八蜡庙捉拿费德恭"的内容，将人物形象演变为头棒"费德恭"、二棒"小英哥"、丑锣"费兴"、坐子"秦妈"、老生"施世伦"、鞑子"金大力"、公子"黄天霸"、白杆"张桂兰"、青杆"褚兰香"、渔翁"褚彪"、头锣"米龙"、头鼓"窦虎"、二锣"朱光祖"、二鼓"关太"等 14 位人物造型。同时，还根据不同人物，配有京剧中各人物的特定道具，如费德恭的大折扇、贺仁杰的短链铜锤、金大力的木棍以及米龙、窦虎、关太、朱光祖等各自的单刀或双刀等。为适应剧情和人物的需要，主要采用《行会点》和《下会点》这种"卫跷"特有的鼓点，并在动作中揉进了戏曲舞蹈的身段台步，尤其是那优美的舞蹈动作和那干净漂亮的造型亮相，别具风采。

《八蜡庙》高跷老会常用的曲子有《号佛》、《八仙庆寿》、《白猿献桃》、《捡棉花》等，这些都是光唱不舞。唱时，踩跷会员站成两竖排，将所执道具双手举在胸前，领唱人在队前领唱，大家齐声伴唱或齐唱。出会时，还可根据情况进行加唱任何曲词，随意性很强。

《八蜡庙》高跷老会通常排列在其他高跷会最后，临近傍晚时才出会，为的是炫耀其华丽的灯彩，突出其灯光照映下的服装和扮相。在当时，天津卫曾有句俗话"西码头的棒槌，窑洼的伞，八蜡庙出会不用演"，足可见其阵容非同一般。只可惜这道会已经在前几年就解散了，唯一庆幸的是他们曾经使用的一些出会道具、乐器、服饰等已被天津民俗博物馆收藏。

像中营前《金山寺》高跷圣会及河北石桥《升仙》高跷会、东南角过街阁后《西游》高跷圣会等都是以唱词的趣味性强而受到青睐。像分别扮演罗汉、哪吒、法海、丑和尚、魁星、许仙、青蛇、白蛇、水头、黑鱼精、虾米精、螃蟹精等角色的《金山寺》高跷圣会的会员，他们各自有各自的唱词，行会中按规矩轮番演唱，如许仙的唱词：

> 俺许仙在药行将生意学，深知晓丸、散、膏、丹、顶大的河车（即胎盘，学名紫河车）。出门去西湖上遇见白娘子，下大雨我借伞才把话说。送伞去雨下愿意婚姻定，良吉日才望娘子成配合。到后来开了一座生药铺，五月五日端阳节将雄黄酒喝。白娘子雄黄酒醉把原形现，

唬死那许仙命见阎罗。白娘子为许仙也曾盗过灵芝草，救好了许仙死去还活。请香纸到金山寺内还愿，有法海说许仙被妖怪磨。只唬得许仙不敢回家转，白娘子等丈夫时候紧多。白蛇到金山寺内找了几次，说许仙在金山寺内藏着。那白蛇要水淹了金山寺，法海一见把袈裟脱，言语说："水涨山也涨"，法海说降妖怪祭起金神钵。有魁星下凡尘把人情讲，怀胎是状元对法海说。说许仙有几月夫妻缘未满，叫许仙收服妖怪去合钵。到后来将白蛇镇在雷峰塔咧，你看那青蛇她劈塔将道行学得。

河北石桥《升仙》高跷圣会亦是当时十分著名的会，其踩跷会员分别扮演独角龙、苗庆跳公子、焦胜广老道士、黑狗精、白狗精、青鲢、鲇鱼精、季小唐、柳树精、白狐狸精、水雾妖以及缝对拉花等角色。其也是以斗对和演唱取胜，特别是唱词尤为有趣，如季小唐唱词：

俺季小唐现居住在辽阳，爱读书曾受过十年的寒窗。大比年龙虎日上京科考，全凭我满腹经纶写的文章。贼严嵩做那正位主考，他看吾的文卷分外的强。那严嵩吃醋眼酸，他不中我，他怕我做高官是宠臣，嚼吾的文章。一气我东南山上学艺业，跟吕祖学会那随心的妙法耀祖增光。师傅说我的洪愿还未满，师命我报应严嵩，内有机锋藏。我也曾点化儿大闹瓷器店，我也曾化蝴蝶变戏法，谁不赞扬。我也曾府内狗变美人，二番又闹严嵩府，他的儿严世藩抱美人，狗咬的成了恶疮。到后来在三觉寺内降妖怪，狐狸变菩萨还迷人净吃肝肠。降妖怪怒恼独角司发浑水，独角他水淹泗洲没城坛，俺小唐城头暗用替身法，俺师兄神锁拿住独角大王。洪愿满，蟠桃会上有我的名姓咧，你看那赴瑶池在王母山上参拜娘娘。

东南角过街阁后《西游》高跷会的表演同样具有自己的特色，其踩跷会员分别扮演孙悟空、猪八戒、唐僧、沙和尚等角色，亦是以唱词取胜，如孙悟空唱道：

俺悟空保师傅日期多，那一年走到了宝象国。恶妖怪名叫金钱豹，看见了凡间的女子要图谋。差小妖强霸为婚下定礼，我老孙闻听焉能容得？叫八戒他变化了凡尘的女子，俺悟空变化丫鬟将他等着。金钱豹拜花烛把洞房入，俺丫鬟递茶叫新郎喝。俺二人眼色不对就打起架，金钱豹露其形斗起干戈。不是我老孙杀法骁勇，金钱豹的叉下难以逃脱。筋斗云的跟头到了南海，紫竹林中对菩萨说。法驾说金钱豹二十八宿有名姓，金箍棒打

死他命难活。观世音渡他归到南海咧，你看那虎相的豹
儿陪伴我佛。

由于高跷会会员扮相俊美俏丽，故常能引出许多风流韵
事和笑话。如在一次皇会行会时，溜米厂高跷会中所扮青蛇
一角的会员扮相"貌似婵娟，名胜梨园"，"面庞儿俏，意思
儿甜，一架娇痴墨牡丹"①。此外，其身段儿妖娆，害得一位
名士竟产生爱恋之情，尾随其数里以后，才得知此角年纪又
大，长相亦不佳，才如梦方醒，故引得众人笑话。

跑竹马

跑竹马是我国唐宋时期兴盛的民间游艺形式，它在天津
皇会行会中演变发展为一种集扎彩和戏曲表演于一体的歌舞
形式，因而格外引人注目。道具即是一匹扎彩精美的竹马，
用竹篾扎结成马形，上面糊以布或纸，马的颈部系有铜铃，
马肚间上下穿通，演员将其套在腰胯间系紧，双腿按马步或
跑或跳或慢步行走，犹如骑在真马上一样，并根据故事内容
及角色要求，用昆腔进行不同的表演。

民间传说天津葛沽镇曾经有道表演"清平竹马"的老会，

---

① 杨一昆：《皇会论》。

是竹马艺术中的精华，当初来源于江西九江地区，说是为纪念清代的两位将士的功绩和他们失去的亲人而进行的歌舞表演。传说在清朝顺治末年，朝廷为了收复台湾，派出大将路尔门及汉八旗内的汉将金、陈二人率百万清军南下，驻扎在澎湖岛。由于台湾筑起了一道蔗糖和泥建成的城墙刀枪不入，很难攻破。于是，金、陈二人便乔装打扮前去探路。可是路途艰难，他们竟一去几年没了音信。清将路尔门怀疑他二人反叛朝廷，便呈上奏折，顺治皇帝一怒之下命人将金、陈二人的妻儿老小并九族一齐诛杀。不料几年以后，二人历尽艰辛，终于回到军营。他们不仅探清了攻打台湾的道路，而且还想出了破糖城的妙计。收复台湾后，他们兴高采烈地回到京城，这才知道自己一家的悲惨遭遇。此时，已经继位当了皇帝的康熙，为了安抚忠良，平定民心并有意为父亲弥补过失，康熙帝便为其二人封官加赏，帮助他们娶妻安家，这才摆平了此事。到了咸丰年间时，有一陈姓道台启奏皇帝，应追述金、陈二人的功绩，作"清平竹马"再现历史并以此祭奠忠臣，教育人们。从此，民间便有了"清平竹马"的表演。而当时陈的后代中有娶天津人为妻者，其妻家是天津养海船的商贾，便把这种表演艺术带到天津传播起来。

花鼓

花鼓会，是在继承凤阳花鼓的基础上改革、充实和发展起来的具有天津本土特色的艺术形式。据说在清乾隆末年，凤阳花鼓艺人于氏兄弟为躲灾荒来到天津于王庄（今东于庄）、西沽一带传授技艺。学艺的天津人又将其简单的男角击锣、女角击鼓改编成儿童群体演出，突出了嗓音清脆、扮相清俊、舞姿灵巧的特点。特别是后来改编的《水浒传》中"吴用智取大名府"的故事，使角色和内容更富新意，其更多地吸收和融进了太平鼓和霸王鞭的表演形式，并兼收刀、枪、棍、棒等武功，丰富了舞姿动作，使其造型更加优美，至今表演不衰。著名的有乐善双花鼓圣会。

太平花鼓

太平花鼓，原本是满族人用来祭祀、祷福、驱邪和庆寿时所进行的歌舞表演形式。清代后传入天津民间，成为节日庆典中不可缺少的表演内容。虽然民间有人传说此歌舞形式起源于唐朝武则天时期，但现有史籍中未曾有明确记载。

太平鼓的造型有圆形、桃形和六角形等多种形式，鼓边均是铁圈环包，上面蒙以羊皮或驴皮（少有纸或丝等材料），鼓面上大都画有龙腾云雾的形象。柄下缀有数对铁环。由于太平鼓的整体造型颇像团扇，故民间也有称此为"扇鼓"的。表演太平鼓时，演员要左手持鼓柄，随节奏转动鼓体，右手以鼓鞭敲击。击打时，鼓柄下方的数对小铁环铮铮与鼓声相应。特别是当鼓体随强烈的节奏转动时，鼓面上的游龙呈跃出之势，令人眼花缭乱，目不暇接。其中以西沽永庆太平花鼓圣会最为著名，沿途常被截会的富家和商号截住进行精彩的表演。

在皇会行会的歌舞表演中，还有三道会十分惹人喜爱，即德庆舞花圣会、德庆绣球圣会和万年甲子圣会。这三道歌舞表演形式有相似之处，其会员安排和配置是除负责会旗、会幡等出会执事及乐器表演的会员外，进行歌舞表演的都选用十来岁的儿童充任，使表演更生动、活泼，富有感染力。

如德庆舞花圣会的八位舞花儿童，在表演时，边舞花边随着唢呐等乐器伴奏高唱《万花歌》。歌词十分有趣：

> 神童云相飞，失手天花坠。
> 春天开富花，牡丹花尊贵。
> 水仙开花旺，茶花香有味。
> 夏令风煦暖，繁花人增岁。
> 海棠花悦目，芍药紫崴崴。
> 石榴花像火，荷花若水围。

秋令月季盛，草花开刺梅。

桂花香甜脆，时令开秋魁。

菊花秋时末，严霜花叶垂。

冬令雪花飘，寒省来争梅。

百合花入窖，万花根上培。

迎春花茂美，舞花会上归。

据说这道会的表演包含两层意义，一是以劝人修善，讲人生在世吃亏是福，吃亏才能得好，才能长寿，只有长寿才能看到四季不同的花开花谢；二是以花象征天花，祈求和感谢娘娘保佑儿童出天花顺利。就这一点来说，与那些还愿会的意义相同。可见，皇会行会中各道会的分类是相对而言的。

另外，像永庆万年甲子圣会12位十来岁的"小神童"，个个天真可爱。他们手举十二生肖造型的托环，12种动物口中各衔一云炬形干支牌。

干支，是我国古代的纪年方法，传说大约起源于黄帝轩辕时代，但有文字可考的历史推断，应起源于东汉建武三十年（54年）以后。天干有10个符号：甲、乙、丙、丁、戊、己、庚、辛、壬、癸。地支有12个符号：子、丑、寅、卯、辰、巳、午、未、申、酉、戌、亥。天干、地支按各自顺序相互循环相配，如甲子、乙丑等 60 年为一个周期，称之"六十甲子"。民间常说的"花甲之年"就是指 60 岁上下的人。十二生肖是将干支纪年的十二地支与鼠、牛、虎、兔、龙、蛇、马、羊、猴、鸡、狗、猪这 12 种动物搭配，形成子鼠、丑牛等。我们每个人的出生年所值的干支，就是他的本命元辰。民间认为每个本命元辰都有一位相应的保护星宿神，称之为"顺星"。天津民间有礼拜自己星宿神的习俗，天津天后宫至今仍供有六十甲子太岁星君的塑像。

皇会中的这道永庆万年甲子圣会既有明显的增寿祈福目的，又有相当的娱乐性。《天津天后宫皇会行会图》中对其演唱的《六十甲子歌》有一些记载，但由于年代久远，字迹有的已模糊不清，为保持原貌，特记录如下：

鼠无眠，占子时，能会算卦。

牛无?，占丑时，效当力田。

虎无相，占寅时，兽中王位。

兔无唇，占卯时，日光发天。

龙无耳，占辰时，行云走雾。

蛇无足，占巳时，舔芯飞欢。

马无肝，占午时，国王通道。

羊无？，占未时，祝世人烟。

猴无腮，占申时，非兽非物。

鸡无肾，占酉时，分季鸣天。

狗无胃，占戌时，食草救生。

猪无津，占亥时，寿及万年。

（上面歌词中出现的"？"为现已无法看清的文字）

在武玩意儿中，以杂技耍艺为表现形式的有三类十二道会。一是中幡，有乡祠前中幡圣会、天后宫前敬艺中幡圣会、盐关口胜议中幡圣会、院署内庆祝中幡圣会、河北大关诚龄中幡圣会、梅家胡同中幡圣会、闸口扫堂中幡圣会、南头窑公议中幡圣会等；二是杂耍，有胜议十锦杂耍老会、胜议猴爬竿老会、《多福如意》圣会等；三是重阁，有闸口下溜米厂胜议重阁老会、陈家沟子阖卿公议德善重阁老会等。

中幡

中幡是用二三丈甚至四五丈巨竿垂挂巨幅幡旗，而耍幡的演员在保持幡杆平衡竖直的情况下做出种种抛掷动作，然后或用头、肩、臂、肘、手或用额、鼻、颌、牙、唇表演各种舞蹈动作，同时将其稳稳地接住，然后继续弹起，如此往复进行表演。有的还从幡顶引下一根长绳，由耍幡演员身边的人拽之，以此协助其保持幡杆的平衡或进行各种特技表演。

　　中幡会又可称为耍幡会，据说起源于佛会舞幡，又名"大执事"。中幡会是表演难度极大、技巧性极强的会种，通常一人耍幡需数人围护协助，然后你传我、我传你轮番表演，各表现拿手好戏，且每一动作都赋予吉祥寓意。如头顶（即托塔）叫"指日高升"，额顶叫"欢天喜地"，牙顶叫"啃福来吃"，鼻顶叫"摘星换月"，肩顶叫"肩担日月"，双手接叫"连中三元"等。此外，还有"苏秦背剑"、"童子拜观音"、"摇货郎鼓"、"海底捞月"、"倒口袋"、"参佛拜相"等耍幡的动作名称。特别是"参佛拜相"，表演者不仅要单腿跪地、双手合十耍幡，而且要用唇接、抛幡杆耍练，这种高超的演技在武玩意儿会中是独树一帜的。

图14　中幡不愧为皇会行会的"眼睛"

中幡还被认为是皇会行会队伍的"眼睛"。这是由于当时皇会行会时，长达十几里的表演队伍很难联络，中幡的幡杆高大，很远也能望见，由它作为瞻前顾后、照应招呼各道会何时该出发、何时该回宫是再好不过了。也缘于此故，幡杆无论从旗幡颜色还是装饰物件都力求鲜艳，幡杆的顶部饰有三重或五重宝刹（或称宝伞），上面缀有铜铃，宝刹两侧斜插彩旗。整体效果极为壮观、华丽。

重阁

重阁又名"节节高"，有的地方称"背阁"、"扛芯子"等等，是由一个演员肩扛一种物件，上驮另一个演员来表演歌舞。他们被铁芯子、月牙钉等牢牢地绑在一起。一般说来，下面的演员都是身强力壮的男子，上面的演员多为儿童或女子。他们两人一组，共8组16人，各自表演一组戏剧故事，有《戏牡丹》、《逛花灯》、《万家店》、《错中错》、《辛安驿》、《一两漆》、《泣残红》等剧目。其动作主要是以进三步、退一步的"地秧歌"步为基础，同时，根据表演要求，可快可慢，或中速表演。此外，他们还以"单挟篱笆"、"双挟篱笆"、"双龙出水"等杂技动作来表现高超的舞技和优美的舞姿。在当时较著名的有溜米厂胜议重阁老会。

图 15　重阁会

杂耍

耍技也都是真功夫，如耍流星的《多福如意》圣会，就是以耍水、火流星的娴熟而著称的。水流星是在一根绳的两端系上盛着水的瓷碗，上下左右抡开飞舞进行耍练；火流星是在一根绳的两端拴铁丝兜，内盛炭火进行耍练。此外，还有时用口叼着绳子耍练，并有翻滚、跳跃等各种招式。

再如爬竿灵活、险情叠起、扣人心弦的侯家后胜议猴爬竿老会，是由十来岁的儿童在横竖交织的竿上表演"独钓寒江"、"顺风打旗"、"海底捞月"、"飞虎盘车"、"顺水投井"等各种高难动作。

还有如胜议十锦杂耍老会表演的"耍坛子"、"耍碗"、"耍棍"、"踢毡"、"绳技"、"衔技"等，亦都是耍技性极强且充满娱乐性的表演，其中许多表演形式至今广为流传。

杠箱

专门以武功真刀真枪对打耍练的会种只有一类，即五虎杠箱。

五虎杠箱是以民间传说故事为依据编排的武技表演，说的是在一个叫霄金桥的地方，有一董氏兄弟五人强取豪夺，异常霸道，所有路过此地之人不留下买路钱就无法通行，此兄弟五人故得"五虎"绰号。有一天，一大批抬着皇纲（即各地向皇帝及朝廷进奉的财物，一纲就是一组货物）经过此地，"五虎"照例前去抢夺，双方各执棍棒对打起来，最终"五虎"被打死，这个故事含有一定的劝善意义。

图 16　五虎少林会

除"五虎"执棍棒与众人进行"五虎棍"武打耍练外，

抬杠箱者的表演也是十分精彩的。杠箱象征着宝物，是一个约二尺多高的方形木箱，中间横穿一条约两丈多长的竹竿，前后二人抬着行进。杠箱重约六七十斤，上面装饰着牛角灯、会旗等物件，十分耀眼醒目。抬杠箱前端的演员无论做着翻、跌等何种武功动作，站立时竹竿必须落在肩上，走起路来还要轻快，使杠箱颤得优美、漂亮。

从以上各会的表现形式可以看出，文玩意儿和武玩意儿的划分其实只是相对而言，它们之间并无明显的界线，而且往往带有一定的兼容性，你中有我，我中有你。

文玩意儿也有技巧性，如盐坨文殊庵的妙显寸跷《莲花落》圣会，既有生、且对唱，也有对舞，且演员要脚踩"寸跷"，扮作缠足女子的模样进行表演。"寸跷"实际上是根据旧时缠足妇女所穿小鞋制作的表演用鞋，俗称"三寸金莲"。演员要穿这种小鞋边唱、边舞，甚至还要做一些类似武打的动作，可想其难度之大。另外，像十不闲的表演亦有很强的技巧要求。由于它是一种自我伴奏的说唱艺术，因而在表演中，演员的手、脚都得用上，通过绳索、杠杆同时操纵锣、鼓、钹等乐器。由于手、足不停闲，故得"十不闲"之名，这种技巧也是非一般人所能的。

而就杠箱这类武玩意儿来说，有的会表演以武打见长的五虎杠箱，有的会则是以诙谐、幽默独树一帜，成为与其相对的文玩意儿。如庆乐杠箱官圣会，就是由杠箱官（走在二位抬杠箱人之前）将事先准备好的逗哏儿词句或民间故事讲给众人，以博众人一笑。也有的杠箱官在人群中发现了自己熟悉的人，往往临时抓哏儿，这时会博得众人满堂彩。如此轻松的表演冲淡了保护皇家宝物与恶人搏斗的故事情节，使得此类表演更贴近百姓生活。由于观看此会能为人解烦排忧，忘却痛苦和烦恼，故深受观会者欢迎，常常有主家截会，并有"玩笑会"之美称。

文武兼容的还有远音挎鼓老会，如果就挎鼓而言，必定属于文玩意儿鼓乐类，但其表演内容有童子间相互舞镲钹击之，并可组成"天下太平"四字，同时口唱插曲，因而又带有一定武玩意儿的歌舞类会性质。由此可见，皇会行会中各表演老会的表演大都是文武兼而有之，只是侧重点不同罢了。

（三）芦纲盐商亮抬阁

在皇会行会中，特别值得一提的是抬阁会的表演。

抬阁，俗称"芯子"，是集彩扎工艺和故事人物造型表演为一体的民间艺术形式，其文、武玩意儿中的表演技巧兼而有之，又具有高超、独特的造型艺术，故在此单独介绍。

每架抬阁由前后16人肩抬两根木檩，木檩中间造一高约一米的阁台，阁台四周围有表示戏台的栏杆。阁台上竖立"仙山"、"仙石"或"仙树"，各色故事人物分列三四台，每台占一层固定于上。不同的故事，不同的人物造型，其服饰和手中道具都十分精美。最高一层的人物造型距地面高达八米左右，各故事人物在抬阁人一颤一颤的行进中扮演各种动作造型，似神仙在云际飘逸，人们远远便可望见。抬阁前后左右簇拥着12~18个手持长杆黄旗或长柄会灯的演员，为抬阁呐喊助兴。

抬阁，是皇会行会队伍中颇为壮观的一组会，是由津门盐商组织——芦纲公所集资操办的。

清代，经销长芦盐务的管理机构迁到天津，芦盐的运销几乎全部被天津盐商垄断，并借此获得了巨额的财富。盐商们为了维护自身的经济利益，成立了一个行业性质的商会组织——芦纲公所，由当地财势最大的盐商充当公所的最高负责人即"纲总"。盐商与官府本来就密不可分，加上喜欢炫耀自己财富的心理，对皇会的操办显得十分热心和慷慨。于是，在清嘉庆年间，先组织了四抬抬阁，主要表演《钟馗嫁妹》、《八仙庆寿》、《九老图》、《嫦娥奔月》、《麻姑献寿》、《天女散花》、《白蛇传》等神话故事。据说在当时就花去五千两黄金。到后来增加到八架，这八架抬阁在皇会中位置十分显赫，装饰与道具也格外豪华醒目。其表演内容比原先更丰富，分别为：《仙人上寿》、《平安吉庆》、《龙凤呈祥》、《替天行道》、《火焰山》、《雷师成圣》、《脱过轮回》、《忠孝节义》。

第一架：《仙人上寿》。其造型第一层是阁台上的仙树；第二层为立于树上的仙官，一人骑鱼，一人踏蟾，中间立在仙树顶上的仙官则头顶由蝙蝠衔桃并背负着的"寿"字；第三层为二仙官分左右脚踩蝙蝠翅膀，手托仙桃；第四层为一立于"寿"字之上扮成凤凰神鸟的仙人。

第二架：《平安吉庆》。表演内容是"钟馗嫁妹"的故事。造型第一层为阁台上的"仙石"，两侧有小鬼足踏祥云，左者肩挑宝剑，右者手擎宝瓶，瓶中插二支戟，取"平升三级"之意；第二层为钟馗端坐案前，手执纨扇呈审判状；三层为骑牛小鬼手举蟠龙杖，旁为钟馗之妹乘辇飘浮在案上香烛清烟之上；第四层为一小鬼举伞为馗妹遮阳。

第三架：《龙凤呈祥》。演的是"三皇姑出家"的戏曲故事。阁台上竖立一棵三叉仙树；树端分别立一香案和两位朝天作揖者；案上蜡炬香炉烘托起脚踏莲花宝座、背负八宝兵器的皇姑，皇姑左边是一手托仙桃的祥云童子，右边是一身披盔甲、手举钺斧的护卫武士；第四层则是手执钢叉的武士立于八宝兵器上。

第四架：《替天行道》。表演的是"平方腊"的戏曲故事。第一层为阁台上的山石造型；其余三层为六个手执刀、枪、剑、戟、斧等兵器的武士相互斗打的情景。

第五架：《火焰山》。演出故事为《西游记》中"火焰山"的情节。第一层从阁台上的仙山两侧飞起两道彩云；彩云端分别立着骑马的唐僧和舞齿耙的猪八戒，山头上立着双手执刀的牛魔王；第三层为蹬风火轮的哪吒与手舞双剑的铁扇公主；最高一层为腾空俯瞰下方、紧握金箍棒的孙悟空。

第六架：《雷师成圣》。取自戏曲故事"十绝大阵"。其造型第一层为山石，两侧一边是飘逸而出的祥云，一边是迸出的烈焰；其余三层则为脚踏风火轮的哪吒和手执兵器的雷震子以及其他四位雷部诸神，分别做出各种作法造型。

第七架：《脱过轮回》。表演的是"梁灏笔管救吕洞宾"的戏曲故事。抬阁第一层仍是仙石造型，仙石两侧飘出袅袅

祥云；第二层是在云端上站立两位施法术的雷神和其施放的
熊熊大火，仙石上的梁灏一心一意伏案作着他的文章；第三
层是两位脚踏烈火之上的雷部神仙正作法霹雷闪电欲劈死吕
洞宾；第四层是吕洞宾化作飞虫在梁灏的笔管里躲过雷神的
电击雷劈之难后，转化人形，腾云驾雾逃出。这吕洞宾的造
型难度很大，他要身披飞虫造型的扎彩道具，又只许一只脚
踩在仙人手执的幡杖上，其竞技技巧之难可想而知。

第八架：《忠孝节义》。表演的是"傅罗卜借九莲灯破火
灾救主"的故事。这架抬阁的造型比较特殊，似乎比前几架
多了几分凝重和肃穆。它的第一层是一团团祥云缥缈；第二
层是云际中庄严的城门楼端立其间，据说这是地藏菩萨的宫
殿。其左边立着踏云微笑的傅罗卜，右边立着踏云持棍的鬼
魅；第三层是城门楼上站着的双手执法器的鬼魅。他的两个
尖器之上，形成了第四层的地藏菩萨和一持莲花串幡杖的童
子造型；而第五层，也就是最上一层，则是一身披铠甲、手
执兵器的武士。民间传说这架抬阁除地藏菩萨外，其他五人
则分别象征仁、义、礼、智、信。由此可见，这些表现形式无
非是劝世行善，教人学好，更进一步体现了皇会的办会宗旨。

抬阁会的表演十分辛苦，特别是阁上演员为了能减轻抬

阁的分量都选择六七岁的孩童担当。他们只要被固定上，就得坚持到一天的行会结束，无论天气多热，他们都不敢多喝一口水，怕有小解。因而一些富户家庭是舍不得让自己的孩子去受这份儿罪的。但其出会一日得津钱二千文的待遇，还是吸引了那些贫寒之家。

据说清光绪十年（1884 年）三月二十日的皇会行会时，抬阁随驾天后娘娘出巡散福。这一天，天气格外的热，八架抬阁中的第二驾抬阁最高一层中扮演王母娘娘的女童因太阳暴晒又缺水，而不幸死于阁上。其母"诉诸有司，蒙判以津钱二百千，作拭泪金……"[1]。从此，抬阁会便被禁止举办，辉煌至极的抬阁会也从此退出皇会的历史舞台。

---

① 《沽水旧闻》100 页。

结　语

天津皇会的历史是漫长而辉煌的。她在经历了清乾隆至光绪末年的鼎盛时代后，由于社会政治、经济的不稳定而开始走向低谷。民国时期差不多隔十年才举行一次。民国25年（1936年）最后一次皇会后，人们再也看不到她那气度非凡而又婀娜多姿的风采。尽管如此，今天的天津人尤其是老人们仍对其津津乐道，百谈不疲。这不仅仅是因为她融聚了一个时期天津民间各种文化艺术的精华，更重要的是她真实地记录了天津的政治、经济、文化、历史、民俗风情……这无疑是一份极其珍贵的文化历史遗产。况且，今天重新开放的天津天后宫已被公认为世界三大天后宫之一，其色彩斑斓的皇会艺术也被众多的民间花会所继承，这不能不是天津人的骄傲。

　　皇会最集中、最典型、最深刻地反映了旧时天津人的信仰观念、思想意识和朴素的民俗心理状态，人们一秉诚心，护圣随驾，感念天后娘娘佑护子孙除灾无祸，人口平安。这种崇拜虽然一直充满着奇幻的内容，超现实的想象非常活跃而广泛，呈现了一个色彩斑斓、光怪陆离的神话世界。但从中可以总结出一定的历史真实性，人们在那个科学蒙昧的时代，对自然有所依赖，但又不能自主的情况下，其人性中软弱的一面便以敬畏心理和祈求行为体现出来，人们必然伴随着幻想，根据自己的愿望和道德观念创造心目中的精神寄托，这的确是一种极其朴素的、自然的思维形式。特别是长期以来人们认为天后最贴近民众的生活，因而对她的信仰一直是一种有别于其他纯宗教神明，就像湘夫人和洛神一样，是人神崇拜的主要代表。在天后崇拜的精神感召下，人们又认为人生在世，被天上的日、月、星三神所察看，并有风、雨、雷、电、露、雾等诸神相伴。人好心好，百事遇运神、荣神、财神、贵神；人心不好，则凡事遇穷神、忧神、愁神、祸神。因此，要积德行善，"救人好、吃亏好、舍钱好、舍饭好、舍衣好、修桥好、补路好、盖庙好、塑神好、烧香好、还愿好、帮道好、助僧好、劝善好、了事好……"①，这样才可立德性，增福寿，儿孙万代，光宗耀祖，发财致富，更换寒门，这才是人的体面。

皇会就是旧时的人们想体面、想露脸的一个机会。无论是普通百姓，还是富商大贾们在筹办皇会中表现出来的追求时尚、不甘落后、散财买脸的一系列风气中，就能明显地感觉到这一点，这也是天津人性格中一种"好斗气儿"的个性表现。你有，我比你还有；你强，我比你更强，绝不让别人小瞧。这也是豪门富户争比豪华气派、炫耀家族势力对民间的一种影响结果。除皇会这个表现形式外，像天津民居中的四合套建筑的门楼以及院内所用砖雕，无一不体现出这种争风斗富的个性特点。因而，我们还应该承认和正视皇会从发生、发展到走向衰落的过程中，其积淀的思想和文化因素也是纷繁而复杂的，同时存在着一定的历史局限性。

皇会是美丽的，丰满的。

她把雕刻、绘画、音乐、舞蹈、文学等各种艺术融于一体，反映了中华民族文化传统的积淀，体现了民间美学思想

①《天津天后宫皇会行会图》。

和审美情趣。

皇会具有多姿多彩的形式美。这首先是一种吸引人、感染人的力量，具有先声夺人的作用。无论威严的仪仗、浩荡的阵势，还是雍容的辇轿、考究的道具以及各种人物艳丽华贵的装束，无不使人感到美的直观享受。在天津历史上每次皇会，大都展示了标志着当时最高水平的物质条件，这也说明早期的天津人十分重视形式美，很懂得只有通过形式美才能恰当地反映出艺术水准和表达内心境界。而皇会的举办，正好为民间的工艺匠人和表演艺人提供了施展才能的机会和舞台。他们驰骋想象，借会抒怀，将个人感受与群体文化融为一体，表现了在文化创造中的需求和才干以及人们的创造愿望、创造活动和创造成果。

皇会更有耐人寻味的是深刻的寓意美。这是对其表现形式及内容的抽象概括。一般说来，信仰民俗在经济文化闭塞、落后的地区比较容易得到保留和发展，并有着广泛的传播媒体。而对于生活在天津这座经济文化都比较发达并长期受到外来文化冲击洗涤的大都市居民，为什么对皇会这一以信仰民俗为基础的民间盛会产生这么大的向心力呢？透过皇会组织者和参与者所倾注的巨大热情，不难看出，他们通过皇会所追寻的不仅仅只是宗教般的信仰，更多的是一种世俗的理想寄托，有着丰富的象征性寓意。她的每一项表演内容几乎都是以一个美好的民间典故为依托，把自己看待生活的哲理和愿望编演成一个个寓意美好的故事，利用出皇会的表现形式使人们在表演和观赏的同时得到共鸣和理解。正是因为皇会所具有的这种内涵丰富深刻的寓意美赋予了她不衰的艺术魅力。我们从那描写宝物失而复得的"五虎杠箱"故事，看到了在提倡路见不平侠义勇为的同时，赞美了天津人豪爽奔放的性格和以正压邪、聚义团结的风尚；那朗朗上口的太平鼓歌词，即唱出了古人对太平盛世的歌颂，又蕴含着现实的人们对国泰民安的渴望；还有一语双关的"节节高"、"抬阁"，在表现先人对重阁高叠的神往和拜仰过程中，通过技艺高超的舞技表演，表达了人们对未来生活的一种吉祥祝愿和企盼。

民俗文化的传承，往往具有深刻的社会历史渊源和地方民俗心理素质的特征。天津皇会作为社会意识的表现形态，在她的历史发展过程中，其传承基因无不具有时代性、地域性。旧天津皇会的历史，从一个侧面反映了天津社会政治、经济、文化的发展历史。这种民间盛会，包蕴着生活中的历史演变、风土人情、愿望信仰、道德伦理、文学艺术等诸种文化因素，体现了人们丰富的生活情趣、乐观的精神面貌、卓越的艺术才能和对美的执着追求以及创造生活、改造自然中的集体意识和高尚品德，并在历史发展的长河中，世世代代，年年岁岁为人们的生活平添了意义和乐趣，振奋和抚慰了人们的心灵，将宗教信仰与是非观念、道德评价通过酬神活动表现得淋漓尽致，在全国乃至全世界都是极其罕见的。

天津皇会从民国二十五年（1936 年）后曾停办了 50 年，直到 1988 年才以"民间花会"的名称重新登上天津民俗文化博览周的舞台。尽管其称谓已非当年，规模也大大小于当年，但人们仍可以通过她追忆过去，赞美现实，憧憬未来。她是当今天津人民团结、奋发、向上的精神面貌的美好缩影，是人们安居乐业、热爱乡土的心理写实。同时，她又是国际性天后（妈祖）文化的重要组成部分，成为连接海内外同胞骨肉亲情的纽带。她将以其独特的魅力为中国的民俗文化注入新的活力和生机，为蓬勃发展的、走向世界的新天津再添异彩。

本书参考书目

著作：

望云居士，津沽闲人著：《天津皇会考纪》，津沽文学社，1936。

刘泽华主编《天津文化概况》，天津社会科学院出版社，1990。

《天津文史资料选辑》，天津人民出版社，1980。

刘鉴唐，焦玮主编：《津门谈古》，百花文艺出版社，1991。

黄玉石著：《林默娘》中国青年出版社，1990。

天津社会科学院历史研究所编著：《天津简史》天津人民出版社，1987。

《新校天津卫志》天津古籍出版社，1982。

《中国民间舞蹈集成·天津卷》中国 ISBN 中心，1994。

其他资料：

《天津天后宫皇会行会图》

《湄州妈祖》

《津门杂记》

《沽水旧闻》

后　记

我一向相信缘分。

当我一只脚刚刚迈出复旦大学的校门，另一只脚就已经踏进了坐落在天后宫的天津民俗博物馆，这是我上大学前就已定的工作单位，是我注定的缘分。

尽管有缘，但在我大学的几年中竟没有实实在在地潜心研究民俗这个学科，更没有珍惜与我国著名的几位历史巨匠们在一起的时光，去向他们讨教，至今，我仍以为遗憾。

多亏我的工作能有时间也有机会结识一些著名的民俗专家和一些谙知掌故的人们，翻阅到一些历史资料，使我这个土生土长的天津人突然像发现新大陆一样感到天津地域文化所特有的个性是那么鲜明而强烈！她令我着迷，令我心颤，令我感动，令我振奋！

我爱这后续的前缘。

因此，在写作过程中，我试图以天津皇会为主线，将其中蕴含的丰富多彩的天津民俗、历史掌故等一并介绍给大家，这寄托着我本人的一个良好的愿望，那就是希望大家和我一样热爱中华民族优秀的传统文化，热爱我的家乡，热爱这里的一切……

囿于对天津历史和民俗的了解和自己写作水平有限，加之时间仓促，书中谬误与疏漏之处在所难免，诚希各位专家、同仁及广大读者不吝赐教。

在天津撰写这本书时，有幸得到了天津著名民俗专家顾道馨先生、天津民俗博物馆蔡长奎馆长、王利文先生、南开区文化局龚孝义先生、南开人民文化宫武延增先生、于全领先生、南开区图书馆张凤麟馆长、刘心女士、丁清英女士、杜宝娟女士以及山西史志研究院聂元龙先生等诸多专家、同仁的鼎力支持与热心帮助、指教。特别是在采访过程中，还得到了天津民间花会组织和有关人员的大力协助，在此一并表示诚挚的谢意。